LA PROPHÉTIE

D'ORVAL

D'APRÈS

LES COPIES PRISES SUR LE TEXTE ORIGINAL

dans l'Abbaye d'Orval et à Luxembourg

AVEC LES CONCORDANCES HISTORIQUES

de 1793 à nos jours

et les événements à accomplir

en 1883, 1893, 1908 et 1911.

DEUXIÈME ÉDITION
augmentée de Prophéties
SUR LE PAPE SAINT ET LE GRAND MONARQUE

LAUSANNE

LIBRAIRIE DE J. ALLENSPACH

FRIBOURG	GENÈVE
LIB. DE Mme MEYLL	Mme Ve DURAFORD, *édit.*
LIB. DE Mr A. BORÉL	*Place Notre-Dame*

1871

LA PROPHÉTIE

D'ORVAL

D'APRÈS

LES COPIES PRISES SUR LE TEXTE ORIGINAL

dans l'Abbaye d'Orval et à Luxembourg

AVEC LES CONCORDANCES HISTORIQUES

de 1793 à nos jours

et les événements à accomplir en 1883,

1893, 1908 et 1911

" Ne méprisez pas les Prophéties.
„ Eprouvez tout; retenez ce qui est bon. „
1re Ep. de S. Paul aux Thess.,
Ch. V, vers. 20 et 21.

DEUXIÈME ÉDITION

augmentée de Prophéties

sur le Pape Saint et le Grand Monarque

LAUSANNE

LIBRAIRIE DE **J. ALLENSPACH**

FRIBOURG		GENÈVE
LIB. DE Mme **MEYLL**		Mme Ve **DURAFORD,** *édit.*
LIB. DE Mr **A. BOREL**		*Place Notre-Dame*

1871

AVEC APPROBATION

M. SOUSSENS, IMPRIMEUR-ÉDITEUR, A FRIBOURG.

PRÉFACE

DE LA NOUVELLE ÉDITION.

Il suffisait de faire connaître la Prophétie d'Orval, de l'offrir à l'attention bienveillante d'un public éclairé pour la faire apprécier.

Aussi la première édition a-t-elle été enlevée en quelques semaines.

Mais l'invasion n'est pas refoulée ; la terre des fils de saint Louis s'abreuve encore de sang et de larmes ; la paix a fui de l'Europe ; la liberté se voile le visage devant ces rêves d'un nouvel empire ; le doux et magnanime Pontife que la Chrétienté vénère a vu l'enfer précipiter contre la Ville Sainte des hordes barbares, et l'on n'a pas encore restitué à l'Eglise le Patrimoine de saint Pierre.

Cette seconde édition répondra donc à de légitimes angoisses, soutiendra encore la foi et l'espérance, consolera les fidèles jusqu'au triomphe promis de la France et de l'Eglise.

Il est des choses qu'il faut savoir attendre.

Les quatre lettres adressées, en 1848, à Mgr de Verdun par M. le Chanoine Lacombe, de Bordeaux, ont démontré dans toute son évidence l'origine céleste de la Prophétie d'Orval, et rendu à l'histoire un document inspiré dont la perte aurait été à jamais regrettable.

L'ancienneté de cette Prophétie peut être fixée par son style ; les mots et la construction des phrases rappellent la manière d'écrire du seizième siècle :

Cependant que (pour *pendant que*) paraît dans les œuvres de RABELAIS.

Dans le même temps, *gaudir* est synonyme de *se réjouir*, et le mot *endolori* se lit dans les œuvres immortelles de SAINT FRANÇOIS DE SALES.

Guerroyer (faire la guerre) était d'un usage très-fréquent au seizième siècle. " En bienfaisant, l'on guerroie le méchant. „ (RECUEIL DE GRUTHER.)

Le mot *ire* (courroux, colère) a été souvent employé à la même époque dans le sens de la Prophétie d'Orval : " Nous ne pouvons nier „ ni déguiser que l'*ire* de Dieu ne soit juste-

„ ment enflammée contre nous. (L'Hopital.)
Au onzième siècle, on disait *irur*.

Saoul dérive du latin *satur, saturus*, rassasié, — de *sat*, assez. Dans ces mots : " Le
„ Prince ne fust onques *saoul* ni lassé, depuis
„ qu'il se commença premièrement à armer,
„ de guerroyer et de tendre à tous hauts et
„ nobles faits d'armes, „ le Chroniqueur
Froissart donne au mot *saoul* le sens de *fa-
tigué, rassasié* (1).

Comme ce travail n'a trait qu'au seul fragment de la Prophétie s'étendant entre les années 1793 et 1911, il suffira de prouver son
existence au moment où s'ouvrent les événements et d'ajouter aux *preuves données dans
la préface* de la première édition, celles four-
nies par M. Langdon, dans l'Avenir (*Révélations sur l'Eglise et la Révolution.*)

" La matinée du 20 mai 1793, quelques
émigrés de distinction, tels que M. de Manouville, logés au château de Margny, arrivaient
à l'Abbaye d'Orval (que les dragons *autri-
chiens* de Latour avaient une seconde fois
sauvée de la violence des bandes incendiaires...

(1) L. Dochez, *Nouveau Dictionnaire de la langue française ;* Paris, lib. eccl. et class. de Ch. Fouraut, 1860.

la maison était sens dessus dessous, et au lieu d'une hospitalité confortable, une mauvaise soupe, mangée à la gamelle et arrosée de piquette, fut tout ce que l'Abbé put offrir à leur robuste appétit....

Pour abréger, nous dirons qu'un des Pères apporta un petit livre, manuscrit ou imprimé, que les Religieux conservaient dans leurs Archives et dont la lecture eut pour effet d'apaiser les plaintes et les murmures.

" *Ce livre,* suivant M. le Baron de Manouville, *contenait la fameuse Prophétie d'Orval.* „

M. Langdon ajoute, en note, que l'on doit ces détails à M. de Manouville lui-même, lequel les a transcrits dans une lettre du 29 mars 1849 sur la Prophétie d'Orval. Cette lettre, que nous possédons, a été imprimée dans celles écrites à Monseigneur de Verdun par M. le Chanoine Lacombe (page 191). (1)

Dans le " *Recueil complet des Prophéties les plus authentiques* „ publié en 1870, à Lyon, par M. P.-N. Josseranel, nous trouvons cette

(1) HENRY D. LANGDON, l'*Avenir*, 7ᵉ édition ; Bruxelles, H. Goemaere, lib.-édit. 1870.

Voir aussi : M. JEANTIN, *les Ruines et Chroniques de l'Abbaye d'Orval* ; Paris, *Tardieu,* éditeur, 2ᵉ édit., 1857.

nouvelle preuve de l'existence de la Prophétie
d'Orval à la fin du siècle dernier : " Ce qu'il
y a de certain, c'est qu'en 1793, Mgr de Cha-
mon, Evêque de Saint-Claude, et plusieurs
personnages de distinction prirent connaissance de cette fameuse Prophétie dans l'Abbaye d'Orval même, où ils s'arrêtèrent en émi-
grant.... Le texte complet de cette Prophétie
concernait tous les événements antérieurs à
cette époque, en remontant jusqu'au temps où
elle fut inspirée ; puis il s'étendait dans l'avenir, comme nous le voyons ici, jusqu'à la persécution de l'Antéchist, et à la fin des temps.
Le fragment relatif aux événements futurs
d'alors, c'est-à-dire à partir de Bonaparte et
de sa campagne d'Egypte, fut copié en présence de l'Evêque de Saint-Claude, par un
Prêtre de ses amis qui l'accompagnait en exil.
Durant l'émigration française, cette pièce fut
communiquée à un grand nombre d'Evêques
et de personnes distinguées.... „

Quelques jours après le passage de Mgr de
Saint-Claude à Orval, et toujours en 1793,
l'Abbé et les Religieux quittèrent leur Monastère qui bientôt devint la proie des flammes
et durent se réfugier auprès du Maréchal de

Bender dans la place de Luxembourg. Mais les fils de St-Bernard n'oublièrent point d'emporter avec eux leur Prophétie et, bientôt, à Luxembourg, il s'en fit de nouvelles copies.

La visite de M. de Manouville à l'Abbaye d'Orval et sa présence dans le Réfectoire lorsqu'on y lut la célèbre Prophétie sont confirmées par l'attestation de Madame la Marquise de Saint-Germain (née Demoiselle de Feydeau), âgée de 89 ans, et habitant le château de Struss, près de Fribourg (Diocèse de Lausanne).

La chronologie de la Prophétie d'Orval n'est pas moins digne d'attirer l'attention des esprits sérieux " qui selon le conseil de l'Apôtre, *ne méprisent pas les prophéties,* mais qui *éprouvent tout et s'attachent à ce qui est bon.* „ On peut même dire que le caractère distinctif de cette Prophétie, que son cachet propre est d'avoir été ordonnée sur un système chronologique, de porter depuis le commencement jusqu'à la fin de son texte des dates d'une merveilleuse précision. Le mot *lune* désigne l'unité de temps qui sert aux supputations. La Prophétie a donc pour chronologie le *mois lunaire,* jadis en grand usage chez les

Juifs et les Gentils, et employé encore dans le comput ecclésiastique où il est un des éléments qui fixent le jour dans lequel on doit solenniser la Pâques.

En calculant les pleines lunes pour chercher le jour où les prédictions s'accompliraient, quelques personnages ont pu annoncer à l'avance la chute de Louis-Philippe. Un prêtre des plus respectables, M. l'Abbé F......, a été ainsi violemment incarcéré à Lyon, sans doute par des esprits forts dédaigneux de lire les prophéties et d'y conformer leur vie. A Paris, plusieurs personnes voyaient également dans le mois de février 1848 la date fatale où devait tomber une royauté usurpée. La somme de 500 francs déposée dans les mains du R. Père de Ravignan, comme gage d'un pari, fut ainsi distribuée aux pauvres.

Après de pareils faits, il devenait utile de compléter l'œuvre de M. H. Dujardin et de dresser un tableau indiquant le jour du mois où commence chaque nouvelle lune de 1793 à 1911.

Ainsi il sera très-facile de vérifier les calculs et de prendre à l'avance ses précautions.

Cette deuxième édition contient en outre le

texte de quelques prophéties appuyant par leur concordance la révélation faite au Solitaire d'Orval et dont l'authenticité peut être historiquement prouvée, la célèbre Prophétie de S. Malachie sur la succession des Papes, et l'interprétation que le Vénérable Holzhauser donne des versets de l'Apocalypse concernent le Pape Saint et le grand Monarque. La traduction du latin en français est de M. le Chanoine de Wuilleret, du Vénérable Chapitre de Saint-Nicolas à Fribourg (1).

Le lecteur remarquera le rapport qui existe entre l'Abbaye d'Orval et la dynastie de France.

" L'infortuné Louis XVI devait s'y réfugier dans son voyage à Luxembourg pour échapper à la fureur de la révolution. Mais, par l'arrestation de la Famille Royale à Varennes, le saint asile n'eut pas le privilége de recevoir l'illustre fugitif (2). „

On peut ainsi comprendre pourquoi, en annonçant le futur Roi de France, la Prophétie de Blois (1808) porte : " *Mais ce ne sera pas*

---

(1) Paris, *Louis Vivès*, libraire-éditeur, rue Cassette, 23. 1857. 2me édition,

(2) L'AVENIR, *ouv. cit.*, dans l'Introduction.

„ *celui qu'on croit qui règnera : ce sera le Sau-*
„ *veur accordé à la France et sur lequel elle ne*
„ *comptait pas.* „

En 1279, la Prophétie du bienheureux Werdin, d'Otrante, l'annonçait en ces termes :

" *Lorsque sur la Chaire de Pierre, brillera*
„ *une étoile éclatante, élue contre l'attente des*
„ *hommes, au sein d'une grande lutte électorale,*
„ *étoile dont la splendeur illuminera l'Eglise*
„ *Universelle...*

„ *Alors, un gracieux jeune homme de la pos-*
„ *térité de Pepin, se trouvant en pays étranger,*
„ *viendra pour contempler la gloire de ce Pas-*
„ *teur; lequel Pasteur placera, d'une manière*
„ *admirable, ce jeune homme sur le trône de*
„ *France....* (1). „

Ailleurs on voit que ce Prince est jeune encore, *d'une dynastie que l'on croyait éteinte,* de la Race de S. Louis. La Prophétie d'Orval le nomme : " *Le Rejeton de la Cap.* „

_____

(1) *Texte latin :* « Cum in sede Petri fulgebit stella corus-
» cans, præter hominum expectationem electa, in maximâ
» electorum controversiâ, cujus splendor universalem Eccle-
» siam irradiabit....
» Tunc gratiosus juvenis de posteritate Pipini veniet pere-
» grè, ad videndum hujus Pastoris claritatem, — qui Pastor
» mirificè collocabit hunc juvenem in Gallicânâ Sede, hacte-

» nus vacante, — eique imponet diadema Regni, ipsumque in
» adjutorium Regni vocabit. »

M. H. Dujardin a publié le texte complet de la Prophétie
du bienheureux Werdin (mort au mois de novembre 1279)
dans le 1er supplément à l'Oracle pour 1840, p. 183. Cet auteur dit au sujet du Pape que la Prophétie appelle une *Etoile
Resplendissante.* « Je pourrais rappeler ici une Prophétie célèbre (celle de S. Malachie) qui annonce un Pape qu'elle sur-
nomme *Lumen in Cœlo,* c'est-à-dire *Lumière dans le Ciel.* » Or,
d'après tous les interprêtres, ce Pontife (*Lumen in Cœlo*) doit
être le successeur de Sa Sainteté le Pape Pie IX dont la
gloire et la majesté remplissent l'univers.

PRÉFACE

DE LA PREMIÈRE ÉDITION.

Lorsque le grand Apôtre des nations écrivait aux fidèles de son temps et de tous les siècles à venir *de respecter les Prophéties*, il affirmait que Dieu peut, en tout temps, en tous lieux, se révéler aux hommes.

Est-ce à dire que la Prophétie d'Orval ait été inspirée par Dieu ?

Oui, c'est évident ; nous l'affirmons avec hardiesse. En voici la preuve.

La prophétie d'Orval est connue en Europe depuis l'année 1792 (1). Dans les premières années de ce siècle, elle était répandue dans plusieurs Diocèses, au nombre desquels on peut nommer ceux de Trèves et de Lausanne.

(1) Cette date de 1792 est historiquement fixée par une lettre de M. le Chanoine Mansuy, Supérieur du Séminaire de Verdun en 1822, adressée à M. Dujardin, auteur de l'*Oracle*. En voici le texte, publié, en mars 1840, dans l'*Oracle* (p. 83, Paris, lib. Camus, rue Cassette, 20) :

  « Verdun-sur-Meuse, le 25 novembre 1839.

» Il est vrai, et très-vrai, Monsieur, que j'ai entendu raconter souvent, depuis 1810, alors que j'étais Vicaire à Verdun,

Or, en cette année 1870, plus de soixante-dix années d'histoire et d'événements prédits par cette Prophétie avant 1792 se sont réalisés. Les faits, ainsi annoncés dès longtemps à l'avance, ont été accomplis par les personnes désignées, dans les circonstances prévues, à

» jusqu'en 1823 que j'y étais Supérieur du Séminaire, les
» événements annoncés dans les *Prévisions d'Orval*, par un
» Magistrat, qui, veuf, se fit Prêtre en 1817, et mourut Cha-
» noine de Verdun en 1823. (Il s'agit de M. Lagrellette.) Un
» de ses amis, aussi pieux que lui et Juge à Varennes, *avait*
» *lu la pièce, à Orval même, en* 1792, et lui en avait rapporté
» tous les points les plus remarquables, qu'il nous racontait
» sans en avoir tiré copie.... D'autres avaient fait des copies
» de la *Prévision*, etc.

    (Signé) « MANSUY, *Chanoine-Doyen.*

Alors qu'il était encore Grand-Vicaire de l'Evêché de Verdun, et dans une lettre adressée, le 4 novembre 1831, à M. de
la S***, de Nancy, Chevalier de Saint-Louis, M. l'Abbé Mansuy avait déjà affirmé qu'un Prêtre bien respectable et qui,
alors, n'était pas encore ordonné, avait vu la Prophétie, *au
moment de la révolution, à Orval.*

Le *Journal des Villes et des Campagnes*, du 19 juillet 1839,
cite le texte de cette lettre et nomme diverses personnes, non
moins dignes de foi, qui, toutes, affirment que la Prophétie
d'Orval était répandue dans le monde à la fin du XVIIIᵉ siècle

« Mᵐᵉ la Comtesse Adèle de Ficquelmont, Chanoinesse de
» Porchais, *en émigration* avec son père, en entendit lire des
» copies chez le Comte de la Tour, son oncle (depuis Ministre
» de la guerre à Vienne).

» M. le Baron de M***, ex-Colonel au service d'Autriche,
» alors en garnison à Luxembourg, en a entendu parler à la
» même époque, vers 1792. La Comtesse Alexandrine de Rai-
» gecourt, Chanoinesse de Saint-Louis, à Metz, affirme l'avoir

la date prédite. Donc, il faut nécessairement croire que la science humaine n'est pour rien dans ces révélations, que l'auteur de la Prophétie a été inspiré, et, comme chacun de ses mots retourne à la gloire de Dieu et au salut des hommes, que Dieu seul a pu parler par sa bouche.

Ainsi, la raison humaine affirme que la prophétie d'Orval a été inspirée par Dieu.

La Sainte Eglise Romaine, qui a mission, autorité et pouvoir de prononcer sur les choses de cet ordre, n'a certes pas érigé la prophétie d'Orval à l'état de dogme; mais, *en permettant de la publier,* plusieurs Evêques en ont affirmé l'utilité et encouragé la lecture.

Le nom de *Prophétie d'Orval* vient de l'Ab-

» entendu lire à son Chapitre, *lors de l'émigration.* Un Cheva- » lier de Saint-Louis, M. D***, de Nancy, en possède une » copie prise, sur celle que sa mère eut à Luxembourg, à la » même époque. »

Le journal ajoute encore qu'une vieille Religieuse, « qui habite à Frouard, près de Nancy, » en possédait une copie prise également à la fin du siècle dernier.

Extrait de la Revue l'Invariable, t. XIV, liv. 81, pages 181 et 182, 1839. Fribourg en Suisse, imprimerie S. Delisle, à Lausanne. — Voyez aussi : *Le Chroniqueur* de Fribourg, n° 127, jeudi 20 octobre 1870.

Dans le Diocèse de Lausanne et Genève, plusieurs personnes du canton et de la ville de Fribourg peuvent encore affirmer avoir vu la prophétie vers le même temps.

baye d'Orval, de l'Ordre de Cîteaux, qui est située dans l'ancien Diocèse de Trèves, dans une des gorges de la forêt de Chiny (Ardennes) (1). Le village où se voient encore les ruines imposantes de l'Abbaye d'Orval appartient aujourd'hui à la Province et au Vicariat Apostolique de Luxembourg.

L'histoire fournit, sur la révélation et la publication de la célèbre Prophétie, les renseignements que voici. Ils ont été critiqués et vérifiés avec un soin tout particulier. C'est dire qu'on a retranché tout ce qu'une main téméraire, *qui avait eu le malheur, en matière aussi grave, de blesser les lois de la vérité,* s'était permis d'y ajouter.

A la fin du siècle dernier, alors que la grande Révolution sévissait dans toute sa fureur, l'Abbé et les Religieux d'Orval durent se réfugier avec un grand nombre d'émigrés lorrains dans la place forte de Luxembourg, où commandait le Maréchal de Bender. Ils apportaient avec eux les vases sacrés de l'Abbaye, les ornements les plus précieux, une

(1) Voir : *Les Saintes Montagnes et Collines d'Orval et de Clairvaux,* par André Vulladier, Abbé de Saint-Arnould de Metz. — Luxembourg, 1629, in-4º.

partie des archives et la *Prophétie d'Orval,* ou les *Prévisions d'Orval,* révélées à un Religieux de l'Abbaye à qui son amour de la retraite et du silence avait fait donner le surnom de *Solitaire.* Aussitôt l'Abbé crut devoir la communiquer au Maréchal de Bender, qui, dit-on, en rit beaucoup.... Quelques Français de distinction, présents dans le salon du Maréchal, demandèrent cependant à pouvoir en prendre des copies. C'était assez pour que, dans peu de jours, la Prophétie d'Orval se fut répandue dans toute la ville de Luxembourg et au-delà. Elle parvint ainsi dans notre Diocèse de Lausanne, soit par les copies levées à Orval même, avant 1793, soit par celles que prirent les hôtes du Maréchal de Bender à Luxembourg.

Maintenant, pourquoi les *Précis Historiques de Belgique,* en l'année 1870, et dans un article intitulé les *Prophéties en vogue,* ont-ils ouvert la lutte contre la Prophétie d'Orval? Un fait aussi étrange exige une réponse, car il sort des attaques vulgaires.

La réfutation sera pourtant facile, et la prophétie du fils du Saint-Bernard sortira victorieuse de la lice.

Nous dirons d'abord que toute l'argumentation des *Précis Historiques* est nulle, parce qu'elle part d'une base fausse. Ils portent, en effet : " Ce qu'il y a d'authentique quant à „ l'antiquité de la Prophétie d'Orval, c'est „ qu'elle a été communiquée en manuscrit „ *pour la première fois en 1828 !!...* „ Mais, pour être magistrale, cette affirmation n'en est pas moins erronée, car nous avons déjà donné des témoignages historiques de *l'existence de cette prophétie d'Orval en 1792.*

. . . .

(Voir la préface de la nouvelle édition).

La lettre de Mgr l'Evêque de Verdun, du 6 février 1849, citée mal à propos par les *Précis Historiques,* frappe le Prêtre M. D..., Curé de B...., qui a altéré l'*Histoire de la Prophétie,* en publiant des choses qu'il n'avait pas suffisamment étudiées et dont la critique a prouvé, *en partie,* l'inexactitude ; mais elle n'atteint point la Prophétie, protégée au contraire, par la Sentence Episcopale.

Ayant ainsi rendu justice à une critique qui portait à faux, tout en ayant les meilleures intentions de sauvegarder l'honneur de l'Episcopat et les droits de la vérité, il convient de mettre en évidence que, dès 1793, chacun des mots du texte prophétique s'est réalisé à *la lettre.* La Prophétie d'Orval a prédit tout ce qui s'est passé en France depuis la mort si tragique du Roi Louis XVI et l'emprisonnement dans la cour du Temple du Dauphin Louis XVII. Pour les événements qui restent à accomplir, c'est sa recommandation auprès du public, sa valeur et son titre. Elle n'en saurait désirer de meilleur.

LA PROPHÉTIE D'ORVAL

OU

PROPHÉTIE CISTERCIENNE

Les copies prises sur le texte original portent pour titre : PRÉVISIONS CERTAINES RÉVÉLÉES PAR DIEU A UN SOLITAIRE POUR LA CONSOLATION DES ENFANTS DE DIEU. _Dans ces mots « Prévisions certaines » il faut voir un acte d'humilité du Saint, à qui fut révélée la Prophétie._

Fragment pour les années 1793 à 1911.

. . . . La Mort
du Roi
. . . . Louis XVI
(1793)(1)
. . . .

En ce temps-là (2), un jeune homme (3), venu

(1) Le 21 janvier 1793. — « O jour de triomphe pour Louis XVI, à qui Dieu a donné et la patience dans les tribulations et la victoire au milieu de son supplice _(et in passione virtoriam!)_ Nous avons la ferme confiance qu'il a heureusement changé une couronne royale toujours fragile, et des lys qui se seraient flétris bientôt, contre cet autre diadème impérissable que les anges ont tissu de lys immortels. » ALLOCUTION DE NOTRE TRÈS-SAINT PÈRE LE PAPE PIE VI AU SUJET DE L'ASSASSINAT DE SA MAJESTÉ TRÈS-CHRÉTIENNE LOUIS XVI, ROI DE FRANCE. — _A Rome de l'imprimerie de la Chambre Apostolique._ —1793.

(2) Le contexte fixe l'année 1793.

(3) Napoléon Bonaparte âgé de 24 ans.

d'outre-mer (¹), dans le pays du Celte-Gaulois (²), se manifeste par conseil de force (³), mais les Grands (⁴) ombragés (⁵) l'envoieront guerroyer dans la Terre de la Captivité (⁶).

(1) De l'île de Corse, dans la mer Méditerranée.

(2) En France, appelée alors « la Celte-Gaule. » Le nom de *Gaulois* fut donné aux *Celtes* (d'origine japhétique) habitant le territoire situé entre le Rhin, les Alpes maritimes, la Méditerranée, les Pyrénées et l'Océan. De là le nom composé *Celte-Gaulois* ou *Celte-Gaule.*

(3) Au siége de Toulon, dont les Anglais s'étaient emparés à l'aide de la trahison et où les troupes françaises rentrèrent le 21 décembre 1793.

(4) Les hommes qui avaient usurpé le pouvoir en France : le Directoire révolutionnaire composé des nommés : Barras, Rewbel, Larévallière-Lepeaux, Merlin de Douai, et François de Neuf-Château.

(5) L'édition de la Prophétie d'Orval, publiée par M. le Chanoine Lacombe, et qui parut à Paris, chez J. Lecoffre et Cᵉ, en 1848, dit : OMBRAGÉS, *que de perfidies du cœur humain, renfermées en ce seul mot.* — La signature de Bonaparte, mise au nom de la France, au bas des préliminaires du traité de Campo-Formio, fut un événement qui *consterna le Directoire....*
« Plus l'habile Général attirait à lui l'attention publique, plus il inquiétait le Directoire et suscitait dans les régions du gouvernement des appréhensions secrètes et des jalousies.... Le Directoire se gardait bien de laisser pénétrer le mystère de ses appréhensoins. Il méditait contre Bonaparte un glorieux ostracisme, tel que le commandement d'une armée dans des parages lointains..... et le 19 mai 1798, la grande flotte cingla vers l'Egypte. »
GABOURD. *Hist. du Directoire,* p. 97 à 509.

(6) Dans l'Egypte, lieu de la captivité des Hébreux.

La victoire le ramènera au pays premier (1).

Les fils de Brutus (2), moult stupides seront à son approche (3), car il les dominera (4), et prendra nom Empereur (5).

Moult hauts et puissants Rois sont en crainte vraie; car l'Aigle enlève moult sceptres et moult couronnes. Piétons et cavaliers, portant aigles sanglantes, avec lui courront autant que moucherons dans les airs; et toute l'Europe est moult ébahie, aussi moult sanglante; car sera tant fort que Dieu sera cru guerroyer *avec* (6) lui (7).

(1) En France, après la prise de Malte, et les batailles des Pyramides, de Mont-Thabor, d'Aboukir, etc.

(2) Les révolutionnaires français meurtriers du Roi Louis XVI et de la Reine Marie-Antoinette, comme L. J. Brutus l'avait été du Roi Tarquin et M. J. Brutus de César, son père adoptif.

(3) Singulière fut la surprise du dit Directoire lorsque, à la fin de l'année 1799, le Général Bonaparte parut inopinément à Paris!...

(4) Le 9 novembre 1799, Napoléon se fait nommer Consul.

(5) Le Sénat français proclame Napoléon Empereur, en 1804; le Pape Pie VII le sacre à Paris, le 2 décembre de la même année, dans l'Eglise Notre-Dame.

(6) Le texte original porte *d'avec;* mais cette conjonction est dès longtemps inusitée.

(7) Cette phrase est un magnifique témoignage de la mission providentielle de Napoléon Ier. *La Révolution* avait, dans son impiété, voulu abolir le Christianisme; mais Dieu suscita Napoléon qui la fit périr sur le champ de bataille.

L'Eglise de Dieu (1), **moult désolée** (2), **se console tant peu, en oyant ouvrir encore ses temples à ses** *brebis* (3) **tout plein égarées, et Dieu est béni** (4).

(1) La Sainte Eglise de Jésus-Christ.

(2) En France, l'Eglise sortait de cette époque d'angoisses et de *terreur* que la Prophétie nomme si bien ailleurs le *Siècle de la désolation.* Le Pape Pie VI, avait dû combattre les rêves de la France révolutionnaire et repousser cette odieuse constitution civile du Clergé. A la suite du meurtre tout accidentel d'un envoyé français (M. Basseville), les Etats de l'Eglise furent envahis et le Saint-Père se vit forcé de signer avec le Général Bonaparte le traité de Tolentino (19 févr. 1797), qui, outre 31 millions, lui enlevait les objets d'art les plus précieux et plusieurs provinces (les Légations de Ferrare, de Bologne et de Ravenne). A l'occasion de la mort du Général Duphot, tué à Rome dans une sédition, le Pape Pie VI fut attaqué dans Rome même (1798), arraché de son Palais et transporté successivement, malgré son âge et ses infirmités, à Sienne, à Florence, à Grenoble, enfin à Valence, où il succomba, victime des violences du Directoire (D'après le *Dict.* de M. Bouillet)

(3) *Brebis* à la place de *berbis.*

(4) Le Pape Pie VII monta sur le trône Pontifical le 14 mars 1800. — Bonaparte, alors simple Premier-Consul, et après des fourberies qui nous ont été divulguées par le Cardinal Consalvi, signa avec ce Pape un Concordat (15 juillet 1801) en vertu duquel le libre exercice de la Religion fleurit de nouveau en France. Les Evêques furent rappelés, les Prêtres rétablis en leurs presbytères, les Eglises rendues à leurs solennités. Des fonds assurèrent le bienfait de ce rétablissement. Le Concordat fut inauguré à Notre-Dame de Paris, le jour de Pâques (18 avril 1802), au bruit de l'artillerie et au son des cloches, condamnées depuis dix ans au mutisme, partout où elles n'avaient pas été fondues pour se convertir en canons ou en

Mais c'est fait (1). Les lunes sont passées (2). Le Vieillard de Sion (3) a crié à Dieu de son cœur moult endolori par peine cuisante (4); et voilà que

gros sous. La splendeur de cette cérémonie fut relevée par la magnificence royale dont s'était entouré Bonaparte, après avoir menacé de traduire devant un Conseil de guerre les Généraux qui refuseraient de s'y réunir.

D'après M. le Chanoine Lacombe, p. 37.

(1) La mission de Napoléon Ier est remplie : l'Autel et le Trône sont restaurés.

La grande œuvre du Général que sacra Pie VII est d'avoir subjugué l'hydre maçonnique et montré au monde combien, avec la grâce de Dieu, il est facile de dominer cette synagogue de Satan, qui, alors et dans le même temps où elle voulait anéantir l'Eglise, s'efforçait de réintroduire le paganisme dans le monde (!). *La Renaissance* fut le retour à l'art payen, à la sauvage nudité; puis vint le régicide, suivi d'une persécution semblable à celle des Césars, et finalement de hideuses *Vénus* hissées sur des chars de triomphe et adorées publiquement comme des divinités......

(2) *Les lunes sont passées :* cette expression indique qu'un espace de temps, fixé sans doute avec plus de précision ailleurs, est enfin révolu. Il est probable qu'il s'agit des deux lustres mentionnés dans l'alinéa qui suit.

(3) Le Souverain-Pontife, le Pape Pie VII.

(4) De toutes les expressions faisant image dans la Prophétie, nulle n'est plus fidèle et plus saisissante que celle-ci :

Après avoir sacré l'Empereur, le Pape Pie VII était rentré à Rome sans même répondre à ses paroles artificieuses insinuant des projets de séjour en France, tantôt à Avignon, et tantôt à Paris.

Aussitôt commença la comédie par laquelle Napoléon Ier préparait ses déclarations de guerre et ses annexions. Comme on le vit à Genève, quelques créa-

le Puissant est aveuglé pour péchés et crimes [1]. Il quitte la Grande Ville [2] avec est [3] si belle que

tures salariées eurent mission de se livrer à des voies de fait métamorphosées bientôt en attentats au droit des gens.

A la protestation du Souverain-Pontife contre l'occupation d'Ancône par les troupes françaises (13 novembre 1805), Napoléon n'exhala qu'ironie et arrogance (réponse du 7 janvier suivant). Cet emportement s'accrut par degrés à mesure que le Pape refusait de reconnaître la suprématie de l'Empereur; la souveraineté de son frère Joseph, à Naples; le blocus continental, et l'interdiction de ses ports de mer aux Anglais..... L'envahissement des principautés de Bénévent et de Pontecorvo préluda à celui de Rome même, que le général Miollis osa profaner le 2 février 1808.

L'orgueil faisant d'étranges ravages dans la tête du *Puissant,* les Etats de l'Église furent réunis à l'empire par un décret du 17 mai 1809 (daté de Vienne en Autriche). Renversant des traditions trente fois séculaires, les *nouvelles* cartes de géographie portèrent alors ce mot impossible : *Département de Rome.*

La bulle d'excommunication (parue sur les Eglises de Rome à l'aube du 11 juin) trouva dans la personne de Napoléon un cœur fermé au repentir. Et, le 6 juillet, le Général Radet ayant escaladé le Palais Quirinal et enfoncé les appartements à coups de hache, enlevait, à trois heures du matin, dans une voiture fermant à clé, et aux persiennes clouées, le Souverain Pontife et le Cardinal Pacca, sans autres vêtements que ceux qui les couvraient, et quoiqu'ils n'eussent à eux deux que trente-huit sous, en monnaie romaine. Reconnu presque partout sur la route, Pie VII bénissait et apaisait les peuples, disposés à se soulever en sa faveur....

C'est au milieu des angoisses et des mauvais traitements que Pie VII fut déposé à la préfecture de Savone, ayant passé par la Chartreuse de Florence (où il reprit l'appartement qui, dix ans auparavant, avait

oncques se vit jamais si telle; mais *point de* (4) **guerroyer ne tiendra bon devant la face du temps**(5);

servi de prison à Pie VI), Gênes, Alexandrie, Grenoble, Valence, Avignon, Aix et Nice. Dans cette dernière ville les rues étaient illuminées et semées de fleurs, et les populations accouraient pour saluer le magnanime pontife.

Dès lors Pie VII fut sans relâche assailli de sollicitations et de députations, même d'illustres Prélats pour en obtenir des concessions funestes. Napoléon ne put être satisfait dans ses prétentions, et le Roi des Rois, le Prince des Apôtres fut brutalement dépouillé de ses vêtements pontificaux (10 juin 1812) pour être, renfermé quoique malade et souffrant (jusqu'au point d'avoir reçu l'Extrême-Onction en route, à Stupinigi) dans le château de Fontainebleau.

Tout à coup, Napoléon arrive à Paris, fuyant les glaces et les armées de la Russie. Par la ruse et la violence, l'Empereur parvint à arracher un nouveau Concordat, inique, spoliateur et nul (celui de 1813) au *Vieillard de Sion,* âgé de soixante-et-onze ans, affaibli autant qu'affligé, anéanti et qui ne pouvait plus recevoir de nourriture.

Telle fut la *peine cuisante* qui *endolorit le cœur* du Pontife au point de lui ravir son humeur jóviale et son gracieux sourire. Car aussitôt, après la protestation aussi ferme qu'explicite du 24 mars, son visage devint plus serein et il avoua qu'après ce qu'il venait de faire, *il s'était senti soulagé d'un poids douloureux qui le fatiguait jour et nuit.*

Le Pape déclara donc à Napoléon qu'il ne concluerait plus aucun traité tant qu'il serait retenu hors de Rome. (D'après Arthaud de Montor, *Histoire de Pie VII.*)

(1) *Les crimes de Napoléon Ier !* ils sont aussi nombreux que ses campagnes et que ses batailles. Le divorce auquel il contraignit son frère Jérôme, malgré l'union sacramentelle; le sien propre, qui le sépara de Mᵐᵉ de Beauharnais (Joséphine Tascher de la Pagerie) pour l'unir à l'Archiduchesse Marie Louise d'Autriche;

(A suivre note.)

et voilà que la tierce-part de son armée et encore
la tierce-part a péri par le froid du Seigneur tout-
puissant (1).

Mais 2 lustres sont passés (2) *depuis* (3) le siècle
de la désolation (4), comme j'ai dit à son lieu; tout
plein fort ont crié à Dieu les veuves et les orphelins (5); et voilà que Dieu n'est plus sourd.

ses relations coupables, et, dit-on, quelquefois inces-
tueuses avec plusieurs Dames ou Demoiselles de sa
cour; l'horrible assassinat du Duc d'Enghien et quelques autres plus enveloppés de mystères; l'infâme
guet-à-pens qui lui livra au même moment deux Rois
d'Espagne; plusieurs autres spoliations non moins
artificieuses que violentes; des incarcérations de personnes distinguées dans toutes les forteresses de l'Empire; des procédés inouis et sacriléges envers le Souverain-Pontife et l'Eglise font de Napoléon Ier un vrai
prodige où le génie le dispute au péché et au crime.

(2) Paris.

(3) *Ost*, vieux mot, pour *armée* (du latin *hostis*).

(4) Ici, dans le texte primitif, se trouvait le mot
oncques; on l'a suppléé par la locution moderne *point de.*

(5) Ne pourra braver les éléments dont la divine
Providence dispose à son gré.

(1) Campagne de Russie; en 1812. Au paroxysme
de l'orgueil, Napoléon Ier s'était demandé *si l'excom-*
munication du Souverain-Pontife ferait tomber les
armes des mains des soldats (lettre de Napoléon au
Prince Eugène du 22 juillet 1807) mais dans ce mémo-
rable hiver de 1812, il put voir tomber baïonnettes,
fusils et soldats par centaines de mille.

(2) Dix ans.

(3) *Depuis,* à la place de d'après.

(4) A partir du moment où la Révolution fut défini-
tivement subjuguée, soit depuis l'année 1804, où Napoléon devint Empereur. L'histoire nous porte ainsi à
1814.

(5) Les veuves et les orphelins de la république et
du premier empire... qui pourrait les compter?

Louis
XVIII
1re
Restaura
tion
(1814)

Les Hauts (1), abaissés, reprennent force et font ligue (2) pour abattre l'homme tant redouté ; voici venir, avec maints guerroyers , le Vieux Sang des Siècles (3), qui reprend lieu et place en la Grande Ville (4), *pendant* (5) que l'Homme dit, moult abaissé, va au pays d'outre-mer d'où était advenu (6).

Dieu seul est grand!... La lune 11ᵐᵉ n'a pas lui encore (7) et le Fouet sanguinolent du Seigneur (8)

(1) Les divers Souverains de l'Europe.

(2) La Coalition, qui venait rendre la paix à l'Europe.

(3) Le Sang Royal de France; les Bourbons sont appelés le *Vieux Sang des siècles.* parce que de toutes les familles royales de l'Europe, il n'en est point de plus ancienne.

(4) Première Restauration. Louis XVIII, frère de Louis XVI, est appelé au trône par le Sénat de France; il y prit la place de Dauphin, héritier légitime de la Couronne et reconnu Roi par les émigrés et les puissances étrangères sous le nom de Louis XVII.

(5) *Pendant,* mis en lieu et place de *cependant.*

(6) Le Sénat de France proclame la déchéance de Napoléon Iᵉʳ. Celui-ci, après une tentative de suicide, restée sans effet, abdique au Château de Fontainebleau (sur la table même où il avait voulu forcer Pie VII à renoncer au Souverain-Pontificat); il est exilé dans l'île d'Elbe, entre le continent et l'île de Corse. Une frégate anglaise déposa l'ex-empereur à Porto-Ferrajo, le 5 mai.

(7) Louis XVIII était entré à Paris, le 3 mai, avec la Duchesse d'Angoulème, Madame Royale, fille de Louis XVI; la première nouvelle lune qui suivit, fut au 20 du même mois (1814); la onzième devait luire le 11 mars 1815; mais Bonaparte (le fouet sanguinolent du Seigneur) était débarqué à Cannes, dix jours auparavant.

(8) Quelle image sublime? Comment mieux nommer le moderne Attila?

revient en la Grande Ville [1] et le Vieux Sang quitte la Grande Ville [2].

Dieu seul est grand!... Il aime son peuple et a le sang en haine. La 5ᵐᵉ lune [3] a relui sur maints et maints guerroyers d'Orient [4]; la Gaule est couverte d'hommes [5] et de machines de guerre [6]; c'est fait de l'homme de mer [7].

Voici encore venir le Vieux Sang de la Cap [8].

Dieu veut la paix, et que son Saint Nom soit béni.

[1] La trahison de Labédoyère, du Maréchal Ney et de tant d'autres livre Paris à Napoléon.

[2] Le Roi Louis XVIII quitte Paris et se retire à Gand.

[3] La première pleine lune, après le débarquement de Cannes, était le 11 mars 1815 ; la cinquième arrivait le 7 juillet, et Louis XVIII ne rentra à Paris que le lendemain 8.

[4] Sur la Prusse et la Russie.

[5] Les alliés pénètrent en France. Assemblées à Vienne (en Autriche) les Puissances avaient proclamé que *Napoléon s'était mis au ban de l'Europe; qu'il s'était livré à la vindicte publique; qu'avec lui il ne pouvait y avoir désormais ni paix, ni trève.*

[6] De canons, etc.

[7] Battu à Waterloo, Napoléon se rend au port de Rochefort, d'où le navire anglais *le Bélérophon* le conduit, prisonnier, à l'île Sainte-Hélène, au milieu de l'Océan.

[8] Cap, racine de Capet. Ce mot indique la Race Royale de France qui descend de Hugues, surnommé *Capet* ou *Capel*, lequel monta sur le trône de France en 987, proclamé par les Seigneurs assemblés à Noyon. — Hugues Capet a reçu du Ciel la promesse, rapportent les Chroniqueurs, que ses fils, en récompense de sa piété, règneront *à jamais.*

Or, paix grande et florissante sera au pays des Celtes-Gaulois [1]. **La Fleur-Blanche** [2] **est en honneur moult grand ; la Maison de Dieu** [3] **chante moult saints Cantiques** [4].

Cependant les Fils de Brutus [5] **oyent avec ire la**

[1] Pendant le règne de Louis XVIII quelques mécontents essayèrent bien, mais en vain d'agiter les masses de la population et l'armée sur plusieurs points de la France; toutes leurs tentatives furent promptement et énergiquement réprimées. La sécurité du Royaume permit d'envoyer en Espagne, travaillée par les sociétés secrètes, une armée qui aida le Roi Ferdinand VII à les dominer. Cette expédition, commandée par le neveu du Roi, le Duc d'Angoulème, entreprise malgré les menaces de l'Angleterre et l'opposition de son Ministre Canning, releva beaucoup la gloire de la France (1823). Le commerce, la navigation, l'industrie, le crédit refleurirent; et c'est de ce moment que le bien-être général commença à décupler les fortunes de la bourgeoisie et de la banque. Louis XVIII supprima l'Ecole Normale et fonda l'Ecole des Chartes. Bientôt l'on oublia le drapeau aux trois couleurs et les aigles sanglantes dans la prospérité d'une paix grande et florissante.

[2] La Famille Royale de France, désignée par ses armoiries qui portent des fleurs de Lys.

[3] *La Maison de Dieu :* l'Eglise.

[4] « Des missions, à partir de 1816, furent accordées à toutes le villes de France de quelque importance ; les vocations de l'un et de l'autre sexe pour l'état religieux, se multiplièrent ; et les Temples de Dieu retentirent partout de chants religieux au milieu des populations revenant en foule aux exercices, aux consolations et aux bienfaits de la parole de Dieu. » (Le Chanoine Lacombe, p. 31.)

[5] Encore les *républicains,* les fils des régicides de 1793. La France, dont l'histoire compte quatorze cents ans de monarchie, n'en saurait avoir d'autres. C'est

Fleur-Blanche (1) **et obtiennent réglements puissants** (2) **ce pourquoi Dieu est encore moult fâché, à cause des siens** (3), **et pour ce que le Saint Jour est encore moult profané** (4)**; et pourtant Dieu veut éprou-**

toujours par le sacrilége, le meurtre et la destruction que depuis 80 ans les Républicains ont fait leurs apparitions dans la patrie de Clovis-le-Grand, de Charlemagne et de Saint-Louis.

(1) Le Roi Charles X succéda à son frère Louis XVIII, mort sans enfants en 1824. Avant son avènement il portait le titre de *Comte d'Artois*. Le sacre de ce Prince se fit dans l'Eglise Métropolitaine de Reims le 29 mai 1825 avec une solennité splendide. Réparant les iniquités de la Révolution, et malgré les colères maçonniques, ce bon Prince fit la concession d'un milliard d'indemnité aux émigrés, licencia la garde nationale et mit un frein aux passions en rétablissant la censure. Aussi, les fils de Brutus appelaient-ils à grands cris l'expulsion des Tarquins, afin de donner libre cours à leur antique passion de tout dominer, de tout bouleverser, et de s'emplir les poches aux dépens des honnêtes gens.

(2) La *Charte constitutionnelle*, ce fatras de règlements que la révolution parvint à faire signer à Louis XVIII et à Charles X dans le but d'imposer à la France le régime dit *constitutionnel,* et les deux ordonnances iniques du 16 juin 1828, dont l'une supprimait la Compagnie de Jésus en France, et l'autre, en réduisant, à un nombre limité, les élèves de chaque Séminaire de France, traçait à ces établissements des règles fort inquisitoriales.

(3) A cause des outrages que les fils de Brutus ne cessent de prodiguer aux fidèles catholiques, dévoués à leur foi et aux principes de la légitimité.

(4) Malgré l'ordonnance des premiers jours du règne de Louis XVIII, pour la sanctification du Dimanche, on n'avait jamais pu parvenir à rendre à ce jour l'honneur qui lui est si légitimement dû par la cessation du travail. Sous Charles X, cette affligeante pré-

ver les siens par **18** fois **12** lunes qu'arrivera leur retour [1].

Dieu seul est grand!... [2] Il purge son peuple par maintes tribulations ; mais, *toujours* [3], les mauvais auront fin.

---

varication s'accrut à un tel point que les ouvrages commandés |par l'Etat, n'en furent point à l'abri, et avec une ostentation cruelle. Combien de fois les Pasteurs de l'Eglise élevèrent-ils une voix aussi respectueuse que pressante pour détruire ce scandale!.... et toujours an vain. (le Chanoine Lacombe, p. 93)

(1) 18 fois 12 lunes ; 216 lunes marquant deux révolutions, deux retours des fils de Brutus. L'avénement du fils de Philippe — Egalité eut lieu le 9 août 1830 ; la première nouvelle lune parut le 19 du même mois ; sa chûte arriva le 24 février 1848 : la 216e avait disparu le 4. Devant une pareille précision chronologique, la Prophétie d'Orval devient, après les Livres Saints, le document inspiré le plus précieux que l'Eglise possède.

(2) Dans ces mots : *Dieu seul est grand!* qui apparaissent au commencement des règnes ou des faits les plus importants, il y a une majesté, une puissance que l'on chercherait en vain dans les œuvres de Bossuet..... Et sur le cœur d'un Français quelle impression ne doivent pas faire ces paroles : *Dieu purge SON peuple..., Dieu aime SON peuple.* « Le premier Roi, le » premier Souverain de la France, c'est Moi, disait, » dans une révélation, N. S. Jésus-Christ à Marie La- » taste. Je suis particulièrement le Maître de la France. » Je lui donne prospérité, grandeur et puissance au- » dessus de toutes les autres nations, quand elle est » fidèle à écouter ma voix. J'élève ses princes au-des- » sus de tous les autres princes du monde.... Je bénis » ses populations plus que toutes les autres popula- » tions de la terre...... »

(3) *Toujours*, mis à la place de *tousiours*.

Sus donc lors (1), une grande conspiration contre la Fleur-Blanche chemine dans l'ombre par mains de compagnies maudites (2), et le pauvre Vieux Sang de la Cap quitte la Grande Ville (3), et moult gaudissent les Fils de Brutus (4).

(1) En 1830.

(2) C'est-à-dire *par la voie, par le canal, par les sourdes menées, par les intrigues artificieuses....* Au nombre de ces compagnies maudites, portant un titre hypocrite et blasphématoire, on doit nommer en premier lieu la société : *Aide-toi, Dieu t'aidera,* ramification des *Carbonari,* chargés jadis de révolutionner l'Italie. « Ses adeptes travaillèrent longtemps dans le mystère, sans révéler leurs plans; ils multipliaient leurs artifices et leurs démarches pour accroître le nombre des conspirateurs, dans tous les rangs de la société, et même dans les plus hautes classes, ainsi que parmi ceux qui, jusque-là, avaient été le plus sincèrement dévoués à la royauté, ou en avaient été comblés de bienfaits. Aussi est-ce à bon droit que l'expression de *compagnie maudite* lui est appliquée. »
Odilon-Barrot était membre de la société *Aide-Toi.* Par M. Louis Blanc, historien à croire en pareille circonstance, on sait comment cette société prit à tâche de créer des difficultés à l'expédition d'Alger, voulut refuser de payer l'impôt et fit une *opposition* systématique au gouvernement du Roi, etc.

(3) Le Roi Charles X et toute sa famille quittent la France après les trois journées des 28, 29 et 30 juillet 1830. Depuis le mois de mai on avait parlé dans quelques salons et au milieu de certains clubs de la possibilité de *chasser une dynastie,* sans renverser le trône, c'est-à-dire d'avoir un *Roi-maçon,* qui donnerait en retour à ses électeurs portefeuilles, titres, places, pensions, fournitures, etc. « Mais de telles idées, émises par des écrivains habiles, MM. Thiers et Mignet,

Oyez comme les servants Dieu [1] crient tout fort à Dieu [2] et que Dieu est sourd par le bruit de ses

obtenaient peu de chance dans le public.... Seulement, quelques jeunes hommes, sortis de *la charbonnerie,* professaient, pour la royauté, une haine qui leur tenait lieu de doctrine.... » Bref, MM. de Broglie, Guizot, Sébastiani, Dupin et de Talleyrand poussaient à la révolution par des motifs ou des instincts divers; MM. Barthe et Mérilhou par *habitude de conspiration ;* M. de Laborde, par chaleur d'âme et légèreté d'esprit; M. Mauguin, pour déployer son activité; M. de Schœnen, par exaltation de tête; MM. Audry de Puyraveau et Labbey de Pompières, par principes; d'autres par tempérament.... Mais de tous ces hommes, aucun n'était en état d'influer plus puissamment que M. Laffitte, lequel avait reçu de Napoléon Ier partant pour l'exil un dépôt de *plusieurs millions......*

En fuyant un peuple aveuglé par de vils séducteurs et par de faciles largesses, le Roi Charles X s'embarqua à Cherbourg, le 14 août, pour l'Angleterre. Il était accompagné de sa famille composée de Mgr le Dauphin et de son épouse, de la Duchesse de Berry, de sa fille Mademoiselle, et de son fils, Henri, Duc de Bordeaux, à peine âgé de 10 ans.

(1) Il s'agit des Fils de Brutus de l'Europe entière, car dans toutes les *loges* on entendit un sourd frémissement de convoitises. C'était à qui, *per fas et nefas,* arriverait le plus vite. Les clubs furent unanimes pour apaiser le démon de la révolte en mettant une nouvelle fournée des leurs au pouvoir..., en établissant de nouveaux impôts..., de nouvelles sinécures (!).

(2) Pendant la révolution de 1830, les violences devinrent générales sur toute la France contre la Religion. L'impiété ne cachait plus ses infâmes projets. Aussi, partout, à Paris et dans les provinces, les âmes fidèles recoururent-elles aux prières et à tous les exercices de piété pour implorer la miséricorde de Dieu et apaiser sa colère.

flèches qu'il retrempe en son ire, pour, bientôt, les mettre au sein des mauvais (1).

Le Duc Louis-Philippe d'Orléans

Malheur aux Celtes-Gaulois!... Le Coq effacera la Fleur-Blanche (2); et un Grand (3) s'appelle le Roi du peuple (4). Grande commotion se fera sentir chez

(1) M. Louis Blanc raconte les hideuses scènes de la révolution qui mit le Duc d'Orléans sur le trône de France. Le Préfet de police (M. Baude) avertit (le Roi Louis-Philippe), que, le lendemain, l'Archevêché serait envahi, et qu'une attaque serait tentée sur le Palais-Royal.... *Il faut faire la part au feu,* répondit le Roi du peuple; *ne songez qu'au Palais-Royal* (p. 273)...... Du sac de l'Archevêché à celui de la Cathédrale il n'y avait qu'un pas.... M. Arago, par une ruse courageuse, la sauva.

« Rien de plus étrange que l'aspect de Paris durant » cette journée (du 14 février 1831). Partout les croix » chancelaient aux dômes des Eglises.... La Seine » charriait des monceaux de papiers, des étoles, des » linges blancs.... Des pêcheurs recueillaient, çà et là, » les débris du *catholicisme insulté*......

» Peu après (23 février 1832) l'outrageante et subite » occupation d'Ancône excita, au plus haut degré, » l'indignation du Souverain-Pontife; et le Cardinal » Bernetti s'était écrié : *Non, depuis les Sarrasins,* » *rien de semblable n'avait été tenté contre le Saint-* » *Père* (T. III, p. 173). Et le 26 mars suivant, le cho- » léra, après avoir ravagé tous les autres pays, vint » dépeupler la France et surtout Paris dont l'impiété » ne se ralentit pas.... »

(2) En 1830, les Fleurs de Lys furent effacées sur tous les édifices publics de France, même au château de Versailles, et l'on y substitua le drapeau de la révolution surmonté d'un coq.

(3) Le Duc Louis-Philippe d'Orléans.

(4) Ce souverain abandonna le titre de Roi de France pour l'appellation *républicaine* de Roi des Français....

les gents [1] parce que la couronne sera posée par mains d'ouvriers qui ont guerroyé dans la Grande Ville [2].

Dieu seul est grand !... Le règne des mauvais sera vu croître ; mais qu'ils se hâtent ! voilà que les pensées du Celte-Gaulois se choquent et que grande division est dans leur entendement [3]. Le Roi du

[1] C'est-à-dire : il se fera sentir une grande commotion dans les divers Etats. En effet, la révolution éclata dans le monde entier : en France, en Belgique, en Italie, en Angleterre (budget en déficit de 560,000 liv. sterl.), en Allemagne, en Pologne, dans le Danemark et la Suède, en Espagne, en Portugal, en Grèce, en Amérique, en Suisse : dans les cantons de Zurich, Soleure, Thurgovie (18 nov. 1830), Schaffhouse, Fribourg (*Révolution des Bâtons,* 2 décembre 1830), Argovie, Vaud, Berne (13 janvier 1831), Schwytz (octobre 1831), Neuchâtel (29 décembre 1831), Bâle (du 6 avril au 14 septembre 1832), Lucerne, Saint-Gall, Tessin, etc., etc.

V. Crétineau-Joly; T. I, chap. II et III; Fribourg et Genève, 1850.

[2] C'était prédire bien longtemps à l'avance d'où proviennent les révolutions et en particulier celle de 1830. Tous les chefs de l'insurrection étaient francs-maçons : La Fayette, Laffitte, Dupont (de l'Eure), Schœnen, Gérard, Maison, Mérilhou, Teste, Bérard, Mauguin, Audry de Puyraveau, Labbey de Pompières, Alex. de Laborde, Dupin aîné, Philippe Dupin et bien d'autres qui vivent encore ou qui sont morts. Louis-Philippe n'était que la créature de ces *ouvriers* d'iniquité. C'était la mise en pratique du mot machiavélique : *tous pour un: un pour tous.*

[3] La politique du *juste-milieu.* Cette période de décadence, en laquelle *les pensées du Celte-Gaulois* se choquent, a été on ne peut mieux rendue dans l'*Hist,*

peuple, en abord, vu moult faible; et pourtant contre ira bien des mauvais [1]; mais il n'était pas bien assis [2], et voilà que Dieu le jette bas [3].

de Dix Ans. « Ainsi se révélaient, après quatre ans de
» règne, les mille impossibilités du régime : efforts de
» la Royauté pour asservir les Ministres en les divi-
» sant; coalition des Ministres pour mettre obstacle au
» gouvernement personnel; ligue de tous les ambitieux
» subalternes du Parlement, en vue de quelques por-
» tefeuilles à conquérir; lutte obstinée de la Couronne
» contre la Chambre et de la Chambre contre la Cou-
» ronne.... L'anarchie éclatait partout; elle éclatait
» sous toutes les formes (p. 322). »

La querelle si vive sur la liberté d'enseignement qui préoccupa tous les esprits de 1840 à 1848, ne mit pas moins de division dans l'entendement du gouvernement philippiste.

(1) Louis-Philippe a été l'objet des continuels attentats de ces *mauvais* : indépendamment des conspirations dirigées par eux, contre le pouvoir, à Paris et à Lyon (1831, 1832 et 1834) sa vie fut attaquée 7 fois.

(2) Par le fait même de son affiliation à la maçonnerie ce Souverain était excommunié. La veille même de sa chute prodigieuse, il disait à l'Ambassadeur anglais : « *Je suis tellement à califourchon sur mon gouvernement, que je ne crains pas que rien bronche.* »!

(3) Le 23 février 1848, toute la journée fut fort agitée, soit dans les Chambres, où fut annoncé un changement de ministère, soit dans Paris, dont tous les quartiers retentissaient du cri : *Vive la Réforme!* A 10 heures du soir, tout paraissait avoir repris un calme joyeux, lorsque, à l'Hôtel des Affaires étrangères, un coup de fusil, tiré *on ne sait d'où, ni par quelle main, ni par quel motif,* part, casse la jambe d'un cheval. Le Commandant de la Ligne croit à quelque trahison, commande le feu et cinquante-deux hommes inoffensifs tombent tués ou blessés. A l'instant s'élève le cri : *Vengeance! aux armes!* Et l'exaspération contre *Louis-Philippe* est portée au plus haut degré. Dès ce moment

Hurlez, fils de Brutus!... appelez par vos cris les Napoléon III bêtes qui vont vous dévorer [1].

la monarchie est tuée. La générale bat pendant la nuit dans toutes les rues de Paris, et l'on sonne le tocsin (sans penser probablement à la prise d'Ancône, arrivée seize ans auparavant, *le 23 février 1832!...* et qu'il fallait expier).

Le lendemain 24, au milieu d'immenses préparatifs d'attaques et de défense le *Roi du Peuple* dut abdiquer; le coup de fusil tiré la veille (à ce qu'on apprit, par un nommé Lagrange, dans le but de raviver l'effervescence) produisait ses fruits. Un fiacre emporta *Philippe* vers la Normandie, sans argent, sans linge, sans pain. Déguisé, exténué, il erra de ferme en ferme, accompagné de son héroïque épouse, et parvint à trouver un bâtiment qui le transporta furtivement en Angleterre. Peu à peu sa famille vint l'y rejoindre.

Comme on l'a déjà dit, la 1re lune après l'usurpation de Louis-Philippe parut le 19 août 1830; la 216me se termina le 4 février 1848, dix-neuf jours avant sa chute (annoncée depuis 1840 pour ce dit mois de février, ensuite du calcul des lunes fixées par la Prophétie).

[1] Au terme des dix-huit fois douze lunes, la France vit donc comment *Dieu jeta bas le Roi du Peuple* et entendit *hurler les fils de Brutus.* Après un combat sanglant devant le Palais-Royal et le pillage des Tuileries, ils confièrent leurs destinées à un gouvernement improvisé au milieu du tumulte : Dupont de l'Eure, Lamartine, Crémieux, Fr. Arago, Ledru-Rollin, Garnier-Pagès, Marie, Arm. Marrast, L. Blanc, Ferd. Flocon, Albert, Goudchaux, Bedeau (le général), Carnot, Bethmont et E. Cavaignac (pour l'Algérie) (24 février 1848). Mais, à peine trois mois après cette création maçonnique un nommé Huber dissout la *Constituante* (15 mai) et Barbès et Blanqui sont jetés en prison. Les sanglantes journées de juin dans lesquelles le général Cavaignac prévint la France, marchant, indignée, sur Paris, devaient être l'aurore de la délivrance. Tout-à-coup dans le faubourg St-Antoine, où la lutte

Dieu seul est grand !... quel bruit d'armes !... (1)

est acharnée, apparaît Son Eminence Monseigneur Affre, Archevêque de Paris. Le feu est suspendu devant ce Pasteur, qui vient pacifier son peuple décimé par le sabre et la mitraille. Mais une balle a frappé le Prélat ; il tombe couvert des palmes de la victoire, en prononçant ces paroles d'une beauté à nulle autre pareille : « *Le bon Pasteur donne sa vie pour ses brebis. Que la paix du Seigneur soit avec vous ! Je désire que mon sang soit le dernier versé ! Seigneur, Seigneur, prenez pitié de votre peuple !* »

Le martyr de la Charité put voir ses vœux réalisés; l'insurrection (qui éclata le 23 juin) finit le 26, veille du jour où son âme entra dans la paix du Seigneur.

Un nouveau Dominateur des Fils de Brutus venait d'apparaître : l'élection de Louis Napoléon Bonaparte dans trois départements avait été validée par l'assemblée nationale le 13 du même mois.

Sa mission était magnifique : Restaurer l'Autel et le Trône, et, comme Napoléon Ier, préparer le retour des Rois de France, — dévorer par le fer et l'exil les fils de Brutus...., mais à Napoléon III comme au vainqueur des anciens républicains de Rome, on peut dire : *Vincere Scis.... uti nescis. — Tu sais vaincre...., mais tu ne sais pas profiter de la victoire.*

(1) A ce bruit d'armes, on reconnaît bien l'année 1848. La voix du canon retentit dans la majeure partie des Etats de l'Europe.... Rome, Paris, Vienne, Madrid, Naples, Palerme, Messine, Francfort, Berlin, Presbourg, Manheim, Cracovie, Prague, Trévise, Florence, Milan, Pavie, Padoue, Venise, Parme, Plaisance, Livourne, Milan, Bologne, Schleswig, Flensbourg, Bucharest, etc., etc., s'insurgèrent, virent s'élever des barricades, furent mises en état de siége ou bombardées. La procession révolutionnaire des *chartistes* terrifia la ville de Londres. En Suisse, Berne devint la capitale de plus de vingt Etats souverains, en ravissant d'antiques libertés (Voir l'excellente histoire du *Sonderbund* par M. Crétineau-Joly).

Il n'y a pas encore un nombre plein de lunes (1), et voici venir maints guerroyers (2).

(1) Dès 1845, *les libérâtres* se préparaient à faire de glorieuses funérailles au christianisme, comme jadis les déicistes au Sauveur. On avait choisi le jour où la tombe se fermerait sur Grégoire XVI, l'illustre Pontife que les Camaldules d'Etrurie donnèrent à l'Eglise. Mais, le 16 juin 1846, le Cardinal Comte de Mastaï-Ferretti était élu sous le nom de Pie IX.

La généreuse amnistie du Pontife lors de son avénement au Trône ne fit que des parjures, et un mois après que, par la révolution de France, l'Eglise était un instant privée de son épée, les Sociétés secrètes ouvrirent le conciliabule (*dit Parlement!...*) de Palerme (25 mars 1848). Les Etats de la péninsule formèrent bientôt un vaste brasier, d'où sortirent des fortunes jusque-là *inconnues.*

A Rome, l'horrible assassinat de M. de Rossi, ministre du Pape, consomma l'iniquité (15 nov. 1848). Hélas! par le départ du Souverain Pontife pour Gaëte (24 nov.), l'illustre cité tombait sous le joug barbare des Mazzini, des Garibaldi et des Avezzana.

Avant l'accomplissement des faits, il n'était guère possible d'assigner un chiffre à *ce nombre de lunes qui n'est pas encore plein.* Maintenant, on voit qu'il signifie l'année lunaire partant du 23 février 1848.

(2) Mais trois jours après que le Pape Pie IX eut reçu une brillante hospitalité de François II Roi de Naples, la France offrait sa protection au Saint-Siége (27 nov.). De même, l'Espagne envoyait à Gaëte le Général Cordova avec 4,000 hommes.

Alors soucieux de l'honneur de la France, le futur Empereur porta le corps d'expédition de 7,000 à 25,000 hommes et en confia le commandement au Général Oudinot, Duc de Reggio.

Le siége de Rome s'ouvrit le 3 juin, de grandes précations ayant été prises par le Général du génie Vaillant pour préserver du bombardement les Eglises, les Sanctuaires et les magnifiques monuments de la Ville Sainte. Le 21, trois brèches furent ouvertes, et

C'est fait (1). La Montagne de Dieu (2), désolée (3),

le 29 juin, fête de St-Pierre, après un assaut décisif et l'occupation du Janicule, Rome était libérée.

La Vierge *Immaculée* avait présenté à Dieu les prières de son dévot Pontife et béni les armes de la France.

Jamais la cité Reine du Monde ne vit triomphe pareil à celui de Pie IX lorsqu'il entra dans la Basilique où reposent les restes du Prince des Apôtres pour solenniser le *Te Deum*. (Voir la correspond. envoyée au *Musée des famille*, T. VII, p. 255, 1849-1850.)

Quelques personnes demandent pourquoi le nom de l'ex-empereur ne paraît pas dans la Prophétie. Mais, faut-il donc rappeler les bruits qui ont couru sur sa naissance? (de même que sur celle de certain enfant pour qui fut inventée la crinoline?) Comment l'Esprit Saint pouvait-il nommer de pareils personnages? — Somme toute, le règne du *carbonaro italien* est on ne peut mieux caractérisé par ces mots : « *voici venir maints guerroyers* » (maintes guerres : en Crimée, en Italie, au Mexique, en Chine, en Cochinchine, contre la Prusse, etc.). — Le prisonnier de Wilhelmshöhe fut deux fois *la bête* ou le fléau qui devait dévorer ou faire dévorer les fils de Brutus.

(1) *C'est fait :* Par cette expression, il faut entendre l'ensemble des événements qui, selon le mot énergique du Prophète, *dévoreront les fils de Brutus* et permettront aux *fils de Juda* de recouver leurs trônes et l'affection de leurs fidèles sujets.

Ces fils de Brutus seront si bien dévorés que la Prophétie n'en parle plus.

(2) *La Montagne de Dieu :* l'Eglise.

(3) Depuis le traître abandon du Général de Lamoricière à Castelfidardo (28 sept. 1860), les fidèles n'ont vécu que d'angoisses et d'alarmes.

C'est malgré le contrordre de Napoléon III que, le 3 nov. 1867, le général Dumont vint soutenir à Mentana les héroïques défenseurs du Pape-Roi. (V. *Revue Cath. de Louvain,* l'Inv. des Etats Pont. en 1867, T. V, 1ʳᵉ Liv., 15 janvier 1871.)

Dans la séance du 5 déc. 1867, le dit Empereur fit

faire une déclaration solennelle en faveur du Souverain Pontife, promettant qu'il ne l'abandonnerait *jamais.... jamais....* et cependant, le 4 août 1870, parut l'annonce officielle du retrait des troupes françaises ; le 6, le général Dumont s'embarquait à Civita-Vecchia. (Mais, pour 4,000 hommes que la France enlevait ainsi en abandonnant l'Eglise, on vit bientôt 400,000 Français prisonniers de la Prusse y compris l'état-major de l'Empire et Napoléon III lui-même).

« Bientôt se leva le jour néfaste du 20 septembre
» 1870, où nous vîmes cette Cité, siége du Prince des
» Apôtres, centre de la Religion Catholique, asile de
» toutes les nations, entourée de milliers d'hommes
» armés. La brèche était faite à ses murs, les projec-
» tiles pleuvaient dans son enceinte y portant la ter-
» reur ; elle fut prise de force, par l'ordre de celui qui,
» peu de temps auparavant protestait si énergique-
» ment de son affection filiale pour Nous et de sa fi-
» délité à la Religion. Quel jour de deuil pour Nous et
» pour tous les hommes de bien. »
(*Encyclique de N. S.-P. le Pape,* du 1er nov. 1870).

(1) Les cris de l'Eglise à Dieu s'élèvent non pas seulement de la France, mais de toutes les provinces de la Chrétienté. La louange du Seigneur est interrompue dans ces nombreux Couvents, asiles de la science et de la vertu, qu'un esprit de vertige a sécularisés. Les Lieux Saints sont au pouvoir des Infidèles. Les Sanctuaires de la Ville Eternelle, de la France, de l'Espagne, des Etats Catholiques, sont en grande partie profanés. C'est sous tous les Cieux que le vent de la Terreur a dispersé les Prêtres, les Religieux et les Religieuses de France. Leurs moyens d'existence sont dépensés ; les enfants s'étiolent dans des écoles d'où l'on a proscrit la prière.

Et ces nations moissonnées dans leur fleur, n'ont-elles pas fermé les sources de la miséricorde en refusant les offres de médiation du Vicaire de N. S. Jésus-Christ,

et prise

de la terre étrangère [1]; et voilà que Dieu n'est plus sourd. Quel feu va avec ses flèches [2]!... Dix

Aussi l'Eglise s'écrie-t-elle avec le Prophète : « Je » pleure et mes yeux versent des larmes, parce que » Celui qui devait me consoler s'est éloigné de moi : » mes fils ont été perdus, parce que l'ennemi a pré-» valu. »

[1] La Prophétie désigne sous cette expression métaphorique les Souverains et les Familles Royales dépossédées de leurs droits *par la fraternité maçonnique* et obligées de vivre sur la terre étrangère. Ces attentats contre l'autorité légitime, seule capable de faire régner la paix en écartant les ambitions, ont nourri la colère de Dieu, non moins que le dépouillement du Patrimoine de l'Eglise.

De même que, sous l'Ancienne Loi, la *Tribu de Juda* avait le privilége de donner les Rois au peuple choisi, pareillement, le Sang Royal de S. Louis doit régner jusqu'à la fin des temps sur le nouveau peuple d'Israël.

La Prophétie d'Olivarius (1542) dit que le Grand Monarque réglera les destinées du monde *après avoir sauvé les Restes Echappés du Vieil Sang de la Cap.*

[2] Les fléaux de la guerre, les maladies qui atteignent les végétaux, les animaux et les hommes (peste, petite-vérole, maladies d'yeux, etc.), la famine, les éruptions de volcans, les inondations, etc.

Lorsque le Roi de Sardaigne (dit roi d'Italie) vint à Rome pour contempler sa criminelle usurpation, les eaux du Tibre débordées atteignaient, dans quelques quartiers, le 2me étage des maisons. Le Roi revint en arrière, laissant le Prince Doria, Syndic de la propriété d'autrui. Quelques instants après son passage par Orbetello, la gare de cette ville *s'est écroulée à la suite d'un tremblement de terre.*

(L'*Ami du Peuple*, vendr. 13 janvier 1870, n° 6; d'après la *Correspondance de Genève*.)

fois **6 lunes** et puis encore **6 fois 10 lunes** (1) ont nourri sa colère (2).

Malheur à toi, Grande Ville (3)!... voici venir des

(1) Cent vingt lunes. Ce terme est d'une exactitude saisissante. — La lune qui vit l'usurpation des provinces Pontificales par le Roi de Sardaigne (11 sept.) se cacha le 16 sept. 1860. L'invasion de la Cité Eternelle s'effectua dans le jour néfaste du 20 sept. 1870. Et c'est le 25 sept., cinq jours après, que la 120me lune se dérobait à ce navrant spectacle.

Mais déjà elle avait vu se manifester *une partie* des vengeances divines.

Le 4 sept. 1860, Napoléon III (l'ex-empereur) était de passage à Chambéry, en compagnie de généraux nommés Cialdini et Fanti. L'Empereur s'en allait voyager en Algérie pour laisser s'accomplir l'infamie : « *Faites vite,* leur dit-il, *débarrassez-moi de cette c.... de n....*; 120 mois après, le 4 sept. 1870, on proclamait à Paris la déchéance de Napoléon III.

La France était *débarrassée* de ce *grand hypocrite* de qui un membre de la Chambre des Communes (Sir Kinglake) a dit : « Il pouvait conserver des relations » amicales avec un homme et lui parler en toute fran- » chise et en toute sincérité pendant sept ans, et néan- » moins il le trompait à l'improviste. » (*Hist. du 2 décembre,* Londres, 1867 ; p. 54.)

(2) LA PROPHÉTIE DES SAINTS PÈRES « 46. *Et pour* » *punition de ce dépouillement du Patrimoine de l'E-* » *glise arrivera guerre sanglante et meurtres entre les* » *Grands* » (les Rois de l'Europe).

(3) « La Grande Ville est nommée de son nom propre, dans quelques-unes des Prophéties : c'est Paris. Nous ne savons quel sort lui est réservé, car les prédictions qui la regardent sont comminatoires, et, par consé- quent, ne s'accomplissent pas toujours à la rigueur ; exemple Jérusalem. Quelquefois même elles ne s'ac- complissent pas du tout au terme indiqué ; par exem- ple : Ninive qui devait être détruite dans quarante jours, mais qui ne souffrit aucun dommage, parce

Rois armés par le Seigneur (1); mais déjà le feu t'a égalée à la terre (2); pourtant tes justes ne périront pas, Dieu les a écoutés (3). La Place du Cri-

qu'elle fit pénitence. Cependant, les prophétiques menaces continuent de subsister, et, tôt ou tard, elles reçoivent leur accomplissement, si les hommes redeviennent pervers ; exemple : Ninive elle-même.... »
(H. Dujardin, 2ᵐᵉ *Supplément à l'Oracle,* sept. 1848).

(1) Chacun pourra compter les têtés couronnées qui, à ce jour, campent avec leurs armées sur le sol de la France; l'Autriche exceptée, tous les princes d'Allemagne ont pris part à l'invasion.

(2) *T'a égalée à la terre :* a fait courber la tête de cette grande ville *pour la corruption* sans rivale sur la terre. On peut d'autant mieux appliquer à Paris ces paroles de l'Apocalypse qu'elles sont contenues dans le chapitre même annonçant le Grand Monarque, selon l'interprétation d'Holzhauser : « *Elle est tombée,* » *elle est tombée cette grande Babylone qui a fait* » *boire à toutes les nations le vin de la colère de sa* » *prostitution.* (ch. XIV, v. 8) »

(3) « ..... *Sortez de Babylone, mon peuple, de peur* » *que vous ne receviez de ses plaies ; parce que ses pé-* » *chés sont parvenus jusqu'au ciel, et que Dieu s'est* » *souvenu de ses iniquités....*
» *C'est pourquoi en un seul jour viendront ses plaies,* » *et la mort, et le deuil, et la famine; et elle sera brûlée* » *par le feu, parce qu'il est puissant le Dieu qui la ju-* » *gera....* (Apocalypse : Ch. XVIII, v. 1 à 7). »

Paris fut investi par les armées prussiennes le Dimanche *18 septembre.* Trois jours avant, le jeudi 15 septembre, un premier obus venait tomber près le Point-du-Jour, dans l'intérieur de l'enceinte, à proximité du bastion 72, et donner l'éveil à la moderne Sodome pour qui ni ses justes, ni l'héroïsme de la France, ni les prières de l'Eglise n'ont pu obtenir miséricorde.

me(1) **est purgée par le feu** (2), **le Grand Ruisseau** (3),

(1) Voir à la fin de la publication un article intitulé : *Le crime de Paris.*

(2) *Gaz. de Lausanne* du 21 janvier 1871 (anniversaire de l'assassinat du Roi Louis XVI) : « L'incendie » a fait rage dans Paris cet après-midi (11 janv.). Des » nuages énormes de fumée noire s'élevaient de derrière la croupe méridionale de Montmartre. Le feu » n'a été vu que le soir, mais au-dessus de la fumée » on voyait clairement une reverbération lugubre qui » accusait une vaste conflagration. »

Gaz. de Lausanne du 2 février : « Saint-Denis a » brûlé hier sur quatorze points ; il est presque détruit » maintenant. L'Église brûle. »

« Mais Paris avait à supporter bien d'autres malheurs. Le pain noir, mélangé de riz et d'avoine, était délivré en quantité insuffisante, 300 grammes par jour, sur la présentation de la carte de la mairie. La viande de cheval, 25 à 30 grammes par jour, était répartie deux fois par semaine aux ménagères qui faisaient queue pendant trois et quatre heures, les pieds dans la boue, ou exposées au froid le plus vif.

» Le combustible manquait presque totalement. Le bois des anciens entourages des cimetières, bois lavé, usé, fétide, se vendait 5 fr. 50 les 100 livres, prix trop élevé pour le plus grand nombre. Le rat se vendait de 75 cent. à 1 fr. 50 ; le chien de 2 à 3 fr. la livre; les légumes étaient inabordables. La mortalité s'élevait à 4,500 décès par semaine, cinq ou six fois plus que dans les temps ordinaires. » *(Notes d'un Parisien,* publ. par le *Gaulois* et reprod. par la *Gaz. de Lausanne* dans le n° du 9 février).

Un correspondant de l'*Indépendance belge* lui écrit de Versaille en date du 3 :

« Le cœur me saigna quand je passai par des vil- » lages qui portaient les traces de la plus horrible dé- » vastation. Tout autour de Paris, à plusieurs lieues à » la ronde, on n'apercevait que des villages et de pe- » tites villes en ruines ; tantôt les murs des maisons » sont restés debout, mais les portes, les châssis des » fenêtres, les charpentes des toits ont été brûlés et » n'offrent plus au regard que des débris calcinés. »

(3) *La Seine.*

a éconduit, toutes rouges de sang, ses eaux à la mer (1), et la Gaule, vue comme décabrée (2), va se

(1) LA PROPHÉTIE D'OLIVARIUS « 31. *Dans Lutetia,* » *la Seine, rougie par sang, suite de combat à outrance,* » *étendra son lit par ruine et mortalité....* » c'est-à-dire à travers les ruines et les morts.

Au moment de livrer ces lignes à l'impression il convient de tracer l'état de la situation à Paris et en France :

En date du 28 janvier, il a été signé un armistice de 21 jours entre *le Directoire* qui s'est substitué au prisonnier de Wilhemshöhe et le Roi de Prusse, *empereur* de toutes les Allemagnes grandes et petites, présentes et passées. Tous les forts de Paris sont occupés par l'ennemi; les armes sont livrées; une imposition de guerre de 200,000,000 de francs a été payée le 11 février. Les Prussiens sont décidés, cas échéant, à *raser Paris au niveau du sol.* Les Parisiens parlent de barricades, d'un nouveau *drame de Moscou;* leur impiété ne se ralentit pas....

La Prusse réclame à la France cinq milliards de francs (5,000,000,000); c'est bien long à compter et nul ne sait si cette valeur passera jamais sur la rive droite du Rhin.

Dans les provinces de France, particulièrement à Lyon, le sentiment d'une expiation publique fait par contre des progrès; il faut s'arracher aux griffe de la démagogie, aux séductions du régime qui s'est suicidé, aux serres des Vandales, et cependant il y a une magnifique floraison de bonnes œuvres, de vœux, de conversions et de prières.

(2) Le contexte de la Prophétie donne *partager, diviser;* ce qui peut s'entendre aussi bien des nombreux partis qui divisent à cette heure la France que des prétentions de la Prusse sur les provinces envahies.

Un détail donnera une idée des ruines dont cette guerre effroyable a déjà couvert la France : des 37 ponts jetés sur la Seine, depuis Rouen à Paris, il n'en reste plus que huit intacts; les 29 autres sont détruits.

rejoindre [1]. **Dieu aime la paix** [2] ; **venez jeune Prince** [3], **quittez l'Isle de la Captivité** [4]. **Oyez** [5].

[1] Rien donc n'annonce un démembrement de la France. Le Pape a refusé d'accueillir la proposition faite par le gouvernement prussien de séparer les diocèses de l'Alsace et de la Lorraine des autres siéges épicopaux français. C'est donc le Souverain-Pontife qui est encore le dernier ami de la France et de la Pologne !...

Les récentes apparitions de la Sainte Vierge à Nancy, à Metz, et à Strasbourg sont des faits historiques. « ...... *Je suis la Sainte Vierge..... c'est moi qui sauverai la France,* » a dit l'auguste Protectrice.

Ces villes de *Nancy*, de *Metz* et de *Strasbourg*, choisies par la Mère de Dieu pour se révéler à ses enfants de prédilection, ont une signification dont le sens n'échappera à personne.

[2] Le salut de la France ne doit donc point venir par ces imposteurs qui ont crié : *pax, pax.... sed non erat pax,* par ces prétendus *patriotes* qui, afin de s'emparer du pouvoir, ont livré à l'ennemi (Dieu le permettant ainsi pour en retirer le bien de la France), l'Empereur, l'armée, et les places de Sedan, de Strasbourg, de Metz.

Au point de vue naturel, le secret des revers de la France est tout entier dans la *trahison* de ceux qui aspirent à fonder les Etats-Unis d'Europe.

C'est l'histoire de l'invasion d'Attila. Mais, dans l'Empire Romain, on savait exercer la justice et le Général Stilicon eut la tète tranchée- le 23 août 408 ; Eucher son fils et Sérène, sa femme, nièce du grand Théodose, subirent, peu de temps après, le même supplice.

[3] LA PROPHÉTIE DE BLOIS : « *Mais ce ne sera pas* » *celui qu'on croit qui régnera ; ce sera le Sauveur ac-* » *cordé à la France et sur lequel elle ne comptait pas.*

» *Le Prince ne sera pas là, on ira le chercher.*

» *Cependant le calme renaîtra, et, depuis le moment* » *où le Prince remontera sur le trône, la France jouira* » *d'une paix parfaite.... »*

LA PROPHÉTIE DE LA RELIGIEUSE DE LYELBE : « 11 » (C'est N. S. Jésus-Christ qui parle). *La Famille Royale*

Joignez le Lion à la Fleur-Blanche [1], venez .

» *va être punie* (Louis XVI et Marie-Antoinette), *et*
» *elle me paiera les expiations qu'elle me doit; mais*
» *parce que je me la suis choisie, je ferai pour elle ce*
» *que j'ai fait pour Loth, et je la sauverai de Sodome, et*
» *l'Enfant....*
» *12. Et quand le sang aura coulé, l'En.... rentrera.*
» *17. Je veillerai jusqu'au bout sur la Famille de*
» *l'En.... parce que je me la suis choisie, et que je veux*
» *qu'elle règne jusqu'à la fin.... »*
La Prophétie d'Olivarius : « *31. Dans Lutetia, la*
» *Seine, rougie par sang, par suite de combats à ou-*
» *trance, étendra son lit par ruine et mortalité.*
» *34. Et lui, sauvant les restes échappés du Vieil*
» *Sang de la Cap, règle les destinées du monde, dictant*
» *conseil souverain de toute nation et de tout peuple. »*
La Prophétie des Saints Pères : « *55. Une autre*
» *ancienne Prophétie dit : le même Jeune couronné de*
» *Lis, sera Seigneur de tout le monde et détruira les*
» *enfants de Brutus.*
» *56. Encore une autre dit : Il s'élèvera un Roi du*
» *très-noble Lis qui, avec une grande armée, fera mourir*
» *tous les tyrans, car justice l'accompagnera.... »*

(4) C'est-à-dire *le pays de la captivité*, ou *le lieu d'exil.*

(5) Ecoutez.... répondez aux manifestations de Dieu. « *Le Prince ne sera pas là, on ira le chercher.* » (La Prophétie de Blois.) Nul ne peut avoir la présomption de découvrir le temps où apparaîtra le Sauveur de la France. Il faut laisser, à la fois, deux maux disparaître : et la démagogie française et l'hérésie allemande. Ainsi, la France recouvrera son Souverain légitime et l'Allemagne la foi, trésor qu'elle avait perdu depuis trois siècles.

(1) Sera-ce une alliance de puissances ou de familles princières? L'Espagne et la Belgique portent des *lions* dans leurs armes. Le blason de la seconde ville du royaume de France, de cette antique cité dont la dévotion pour la Sainte Vierge s'est tout récemment traduit par un acte héroïque (l'engagement de reconstruire le Sanctuaire de Notre-Dame de Fourvières), est également *un lion.*

Ce qui est prévu, Dieu le veut [1] : le Vieux Sang des Siècles [1] terminera encore de longues divisions [3].

(1) Ces paroles doivent inspirer aux fidèles une foi invincible dans le triomphe de la France et dans le retour de ses Princes légitimes.

(2) *Le Vieux Sang des Siècles,* c'est-à-dire, comme il a déjà été dit : *les Bourbons....* L'auteur de l'édition de la Prophétie publiée à Paris et à Bordeaux en 1848 (T. II, p. 150) semble soulever un voile mystérieux en demandant s'il s'agit d'un infortuné dont l'*Histoire de Dix ans* a l'air de révoquer la mort en doute, et qui a rassemblé de forts curieux documents sur son identité.

Ne faudrait-il pas plutôt penser à un descendant de ce Royal Infortuné.... à un Prince....

(3) LA PROPHÉTIE DE BLOIS : « 28. *Puis on chantera* » *un Te Deum, oh! mais un Te Deum comme on n'en a* » *jamais chanté!* »

« Mais après avoir essayé de lire, sous les voiles des Prophéties, les destinées futures de notre pays, le lecteur serait peut-être curieux de connaître celles de la Prusse. Sur ce point, nous n'avons à lui offrir qu'un seul Prophète, et qu'une seule phrase de sa prédiction : mais cette phrase a son prix, et elle en dit plus qu'elle n'est longue. Il s'agit *d'une Prophétie rimée au XIII siècle,* en vers latins, par le Frère Hermann, Religieux Cistercien du Monastère de Lehninn, dans la Marche de Brandebourg, au cœur même de la Prusse. Cette chronique de l'avenir, très-populaire au-delà du Rhin, où sa véracité se trouve nettement établie par les faits, suit pas à pas chaque génération des Hohenzollern, jusqu'à la onzième, à partir de Joachim II, — c'est-à-dire, d'après le calcul des commentateurs, jusqu'à S. M. Guillaume 1er qui se trouve caractérisé par ce vers :

Tandem sceptra gerit qui stammatis ultimus erit :

« Enfin le sceptre est aux mains de celui qui sera le » dernier de la race. »

Gazette du Vallais, n° 137, 16 novembre 1870.

Lors, un seul Pasteur sera vu dans la Celte-Gaule (1).

L'Homme puissant par Dieu (2) s'assoyera bien (3).

Moults sages règlements appelleront la paix (4).

Les journaux allemands publient des chiffres qui montrent que les Prussiens paient chèrement leurs victoires! Ainsi dans le Hanovre, il a été annoncé à l'autorité 28,600 veuves avec 54,412 orphelins; en Westphalie 13,110 veuves avec 29,973 orphelins; Prusse orientale 16,319 veuves avec 29,428 orphelins; Villes hanséatiques 8,312 veuves, avec 11,715 orphelins!... au 8 janvier 1871.... Que sera-ce quand commencera la retraite?

(1) Déjà le Concile du Vatican a proclamé L'INFAILLIBILITÉ DU SOUVERAIN-PONTIFE; par le fait même, les prétentions du dernier des Gallicans recevaient leur solution : UBI PETRUS, IBI ECCLESIA. — Ces paroles indiquent, en outre, la réunion de toutes les croyances dans la Foi Catholique : *Unus Dominus, una Fides, unum Baptisma.* (Eph. IV, 5)

(2) Par ces lignes on reconnaît que le Sauveur promis à la France sera un Roi d'un génie aussi grand dans l'ordre législatif que militaire. Dieu même lui donnera la puissance.

Prophète lui-même, le Vénérable Holzhauser, mieux que tout autre, a pu discerner ce qui concerne le règne du puissant empereur nommé par lui « LILIFER » ou « LE GRAND MONARQUE. »

Ce que les Prophètes de l'Ancienne Loi disent du *Rejeton de Jessé* s'applique également au nouveau Constantin (v. Isaïe).

(3) Le Solitaire d'Orval semble annoncer sous cette forme figurée le Sacre du Grand Monarque; ce Sacre est mentionné dans plusieurs autres Prophéties.

(4) Cette paix doit naturellement suivre la période pendant laquelle Dieu sera cru guerroyer avec le Rejeton de la Cap.

Dieu sera cru Guerroyer avec lui (1) tant prudent et sage sera le Rejeton de la Cap (2).

Grâces au Père de la Miséricorde!... La Sainte Sion rechante dans ses temples un seul Dieu grand. Moult *brebis* égarées s'en viennent boire au vrai ruisseau vif. Trois Princes et Rois mettent bas le manteau de l'erreur et oyent clair en la foi de Dieu (3). *Conversion de trois Princes.*

(1) La Prophétie de S. Augustin annonce que le Grand Monarque aura pour théâtre de ses exploits tout l'empire romain. Le triomphe du Catholicisme dans les trois continents n'entraînera point pour conséquence un seul Roi, un seul Empereur. Bien au contraire, nous devons croire que chaque Souverain sera maintenu ou rétabli dans ses droits légitimes.

(2) Le Rejeton de la Cap, c'est-à-dire le Rejeton des Capets, un prince du Sang Royal de France.

(3) On peut feuilleter toute la littérature du monde, depuis la création du premier homme jusqu'à ce jour, il n'y a rien qui rivalise avec ces lignes admirables. La pensée est sublime; une grâce incomparable saisit l'esprit, captive et élève l'âme au-delà de ce que le génie des mortels peut aspirer d'atteindre.

C'est d'abord un préambule d'une beauté toute céleste, un acte de gratitude et d'amour : *Grâces au Père de la Miséricorde* qui, au moment où son peuple était broyé sous les pieds d'un étranger barbare, lui a rendu l'honneur et la victoire, a confondu l'imposture, a rétabli sur son trône le Rejeton de la dynastie de France et fait disparaître l'usurpateur du patrimoine de l'Eglise.

La Sainte Sion, l'Eglise de Jésus-Christ, *rechante* dans ses temples un seul Dieu grand, un seul Bercail sous un seul Pasteur, entonne de *nouveaux* cantiques après une interruption qui est le fait moins de l'invasion que de l'impiété d'un nouveau Directoire.

Seul, l'Esprit Saint a pu nommer des *brebis égarées* ces infortunés protestants, innocentes victimes de la prévarication de leurs pères ; ils ont été conviés par le

En ce temps-là (1), un grand peuple de la mer reprendra vraie croyance en deux tierces-parts (2).

Dieu est encore béni pendant 14 fois 6 lunes et 6 fois 13 lunes (3).

Dieu est *las* (4) d'avoir baillé des miséricordes, et ce pourtant il veut, pour ses bons, prolonger la paix encore pendant 10 fois 12 lunes (5).

Dieu seul est grand!... Les biens sont faits. Les Saints vont souffrir. L'Homme du Mal (6), arrivé de

Père de la Miséricorde, par les appels du Saint Concile, à venir boire *au vrai ruisseau,* à la source d'eau *vive,* de lumière et de foi ; et, en *déposant le manteau de l'erreur,* en rentrant dans le Bercail de la Sainte Eglise Romaine, *les Rois, les Princes* et les peuples *ont vu clair en la foi de Dieu.*

(1) Au moment de la conversion de ces trois Princes.

(2) L'Angleterre. Voici plus de trois siècles que la Prophétie d'Orval annonce la conversion des *deux tiers* de l'empire britannique, c'est-à-dire de l'Angleterre et de l'Ecosse. Pouvait-on mieux prédire que l'*autre tiers,* soit l'Irlande, resterait fidèle à la foi catholique.

(3) 162 lunes. — En partant du commencement de l'année 1870, ou même de l'ouverture de la guerre franco-prussienne, nous sommes portés en 1883. — Si l'on compte les 162 lunes dès l'invasion de Rome, ou depuis la déchéance de Napoléon III (Sept. 1870) nous tombons sur le mois de janvier 1884.

(4) Las, remplace le mot *saoûl* employé par le Prophète.

(5) 120 lunes. — A compter de la lune qui commence le 28 janvier 1884, la 120me paraîtra le 9 décembre 1893. Mais ce calcul est subordonné au mois de l'année 1870 d'où il faut faire partir la nouvelle supputation.

(6) Cet *Homme du Mal* c'est l'Antéchrist, d'après les calculs apocalyptiques du Vénérable Holzhauer, né au

deux sangs [1], prend croissance [2].

La Fleur-Blanche s'obscurcit pendant 10 fois 6 lunes et 6 fois 20 lunes [3].

Moult de mal, guère de bien seront en ce temps-là. Moult grandes villes périssent par le feu.

Sus donc, Israël vient à Dieu Christ tout de bon. Sectes maudites et sectes fidèles sont en deux parts bien marquées.

Mais c'est fait!... Lors, Dieu seul sera cru [4]. Et la tierce-part des Gaules et encore la tierce-part et

Faux miracles

1908

Conversion des Israélites

milieu de l'année 1855, dans le mois de juin. Déjà les faux prophètes parlent de cet *homme d'iniquité* comme du Messie promis. Ou plutôt, c'est le père du mensonge et de l'Antéchrist qui, par leur bouche blasphématoire, prépare les voies d'une prévarication contre laquelle il sera très-facile de se prémunir en suivant les enseignements du Docteur Infaillible de l'Eglise.

(1) Voir les Prophéties concernant l'Antéchrist, entre autres les Révélations de la Sœur de la Nativité (dans le monde, Jeanne Le Royer, née en 1732).

(2) D'après la Prophétie d'Orval ce serait donc entre les années 1894 et 1908 que l'Antéchrist se manifestera par ses impostures. Ce temps correspond avec l'*Interprétation de l'Apocalypse* de l'auteur déjà nommé où l'on voit que le Fils de Perdition commencera à vouloir séduire les hommes vers l'an 1896 (Tome II de la seconde édition, p. 172)

(3) 180 lunes. Si l'on compte 180 lunes dès le 9 décembre 1893, l'on est porté au 25 novembre 1908. Voir les notes pour les dates 1883, 1884 et 1893.

(4) L'expression « *Dieu seul sera cru,* » loin de contenir une omission, est au contraire une forme dont la beauté ne le cède en rien à l'énergie et qui annonce des événements où Dieu saura venger l'honneur de son Eglise.

ostasie
des
ations

911

nocb
et
Elie

demie n'a plus de croyance, comme aussi tout de même les autres gents.

Et voilà déjà 6 fois 3 lunes et 4 fois 5 lunes [1] que tout se sépare. Et le siècle de fin a commencé.

Après un nombre non plein de lunes [2], Dieu combat par ses deux Justes [3], et l'Homme du Mal

(1) 38 lunes. Si elles sont comptées du 25 novembre 1908, on serait porté au mois de décembre 1911. Cette année 1911 est donnée, pour le même fait, par le Vénérable Holzhauser dans son *Interprétation de l'Apocalypse de S. Jean.* (Traduction de M. le Chanoine de Wuilleret, T. II, chap. XIII, p. 76 de la première édition, — 120 de la deuxième). — Voir la note intitulée : LA DATE 1911.

(2) Toutes ces choses, si consolantes pour les fidèles, sont développées dans l'*Interprétation de l'Apocalypse :* elles forment le septième âge de l'Eglise qui commencera à l'apparition de l'Antéchrist et qui durera jusqu'à la fin du monde.

Les Œuvres de Marie de Jésus d'Agreda contiennent une explication des sept anges dont l'Evangéliste parle au chap. XX, v. 9-18. Comme ces révélations admirables datent du XVIIme siècle (la Vénérable Abbesse du Couvent d'Agreda naquit en 1602) on peut en déduire que les derniers coups de la colère divine sur les impies éclateront bien au terme calculé par Holzhauser et précisé dans la Prophétie d'Orval.

On trouvera également de précieuses révélations dans l'*Essai sur le Livre de Job et sur les Prophéties relatives aux derniers temps,* par M. l'Abbé Moglia, Chapelain de l'Hôpital Catholique de Genève.

(3) L'*Apocalypse* (XI, 1 à 13) nomme ces *deux Justes* les *deux Témoins.* Dans un sentiment commun, les Pères de l'Eglise et les Interprètes ont entendu, par ces deux Témoins, Elie et Hénoch exemptés de la mort pour *attester* la croyance des trois formes de l'Eglise au Sauveur crucifié, dévoiler les fourberies de l'Antéchrist, conserver la foi défaillante par de vrais

a le dessus (1).

Mais c'est fait (2). Le Haut Dieu met un mur de feu qui obscurcit mon entendement et je n'y vois plus. Glorieux avénement de N.-S. Jésus-Christ

Qu'il soit béni, loué, à jamais. Amen.

FIN DE LA PROPHÉTIE D'ORVAL.

miracles et l'exemple de la fidélité au Vicaire de N. S. Jésus-Christ.

(1) Le meurtre d'Elie et d'Hénoch à Jérusalem et l'élévation de l'Antéchrist dans les airs par les démons (pour singer l'Ascension du Sauveur) seront aussitôt suivis, nous disent les révélations, d'une chute non moins ignominieuse que celle de Simon le Magicien.

(2) La terre s'entrouvrira pour engloutir l'imposteur, et les impies verront quel est le lieu de l'enfer, d'où provient la lave des volcans, et comment *les dieux* des *sociétés secrètes* ne sont que de vils démons, souriant déjà à l'idée de tourmenter leurs modernes adorateurs.

Pendant que les réprouvés iront ainsi apprendre, dans les flammes éternelles, ce qu'il en coûte de *commercer* avec les esprits infernaux et de dédaigner les Sacrements, par lesquels le Sauveur leur offrit le pardon, le remède et l'oubli, la Sainte Eglise, parée des fleurs de l'immortalité s'envolera auprès de son divin Epoux dans le séjour de l'éternelle félicité.

(1re Ep. de S. Paul aux Thess. IV, 14-17).

PRÉVISIONS CERTAINES

RÉVÉLÉES PAR DIEU A UN SOLITAIRE

POUR LA CONSOLATION DES ENFANTS DE DIEU.

TEXTE DE LA PROPHÉTIE

AYANT EN REGARD LES DATES CALCULÉES.

En ce temps-là, un jeune homme, venu d'outre-mer, dans le pays du Celte-Gaulois, se manifeste par conseil de force; mais les Grands, ombragés, l'envoieront guerroyer dans la Terre de la Captivité.

La victoire le ramènera au pays premier.

Les fils de Brutus, moult stupides seront à son approche, car il les dominera, et prendra nom Empereur. **1793**

Moult hauts et puissants Rois sont en crainte vraie; car l'Aigle enlève moult sceptres et moult **1798** couronnes. Piétons et cavaliers, portant aigles sanglantes, avec lui courront autant que moucherons dans les airs; et toute l'Europe est moult ébahie, aussi moult sanglante; car il sera tant fort que Dieu **1804** sera cru guerroyer *avec* lui.

L'Eglise de Dieu, moult désolée, se console tant peu, en oyant ouvrir encore ses temples à ses *brebis* tout plein égarées, et Dieu est béni.

Mais c'est fait. Les lunes sont passées. Le Vieillard de Sion a crié à Dieu de son cœur moult endolori par peine cuisante; et voilà que le Puissant est aveuglé pour péchés et crimes. Il quitte la Grande Ville avec ost si belle que oncques se vit jamais si telle; mais *point de* guerroyer ne tiendra bon devant la face du temps; et voilà que la tierce-part de son armée et encore la tierce-part a péri par le froid du Seigneur tout-puissant. **1812**

Mais 2 lustres sont passés *depuis* le siècle de la désolation, comme j'ai dit à son lieu ; tout plein fort ont crié à Dieu les veuves et les orphelins ; et voilà que Dieu n'est plus sourd.

1814

Les Hauts, abaissés, reprennent force et font ligue pour abattre l'Homme tant redouté ; voici venir, avec maints guerroyers, le Vieux Sang des Siècles, qui reprend lieu et place en la. Grande Ville, *pendant* que l'Homme dit, moult abaissé, va au pays d'outre-mer d'où était advenu.

Dieu seul est grand !... La lune 11me n'a pas lui encore et le Fouet Sanguinolent du Seigneur revient en la Grande Ville et le Vieux Sang quitte la Grande Ville.

1815

Dieu seul est grand !... Il aime son peuple et a le sang en haine. La 5me lune a relui sur maints et maints guerroyers d'Orient ; la Gaule est couverte d'hommes et de machines de guerre ; c'est fait de l'Homme de mer.

Voici encore venir le Vieux Sang de la Cap.

Dieu veut la paix, et que son Saint Nom soit béni. Or, paix grande et florissante sera au pays des Celtes-Gaulois. La Fleur - Blanche est en honneur moult grand ; la Maison de Dieu chante moults saints Cantiques.

1824

Cependant les Fils de Brutus oyent avec ire la Fleur-Blanche et obtiennent réglements puissants, ce pourquoi Dieu est encore moult fâché, à cause des siens, et pour ce que le Saint Jour est encore moult profané ; et pourtant Dieu veut éprouver les siens par 18 fois 12 lunes qu'arrivera leur retour.

Dieu seul est grand !... Il purge son peuple par maintes tribulations ; mais, *toujours,* les mauvais auront fin.

1830

Sus donc lors, une grande conspiration contre la Fleur-Blanche chemine dans l'ombre par mains de compagnies maudites, et le pauvre Vieux Sang de la Cap quitte la Grande Ville, et moult gaudissent les Fils de Brutus.

Oyez comme les servants Dieu crient tout fort à Dieu et que Dieu est sourd par le bruit de ses flèches qu'il retrempe en son ire pour, bientôt, les mettre au sein des mauvais.

Malheur aux Celtes-Gaulois!... Le Coq effacera la Fleur-Blanche; et un Grand s'appelle le Roi du peuple. Grande commotion se fera sentir chez les gents parce que la couronne sera posée par mains d'ouvriers qui ont guerroyé dans la Grande Ville.

Dieu seul est grand!.. Le règne des mauvais sera vu croître; mais qu'ils se hâtent! voilà que les pensées du Celte-Gaulois se choquent et que grande division est dans leur entendement. Le Roi du peuple, en abord, vu moult faible; et pourtant contre ira bien des mauvais; mais il n'était pas bien assis, et voilà que Dieu le jette bas. 1848

Hurlez, fils de Brutus!... appelez par vos cris les bêtes qui vont vous dévorer.

Dieu seul est grand!.. quel bruit d'armes!... Il n'y a pas encore un nombre plein de lunes et voici venir maints guerroyers.

C'est fait. La Montagne de Dieu, désolée, a crié à Dieu; les fils de Juda ont crié à Dieu de la terre étrangère; et voilà que Dieu n'est plus sourd. Quel feu va avec ses flèches!... Dix fois 6 lunes et puis 1860 à 1870 encore 6 fois 10 lunes ont nourri sa colère.

Malheur à toi, Grande Ville! voici venir des Rois armés par le Seigneur; mais déjà le feu t'a égalée à la terre; pourtant tes justes ne périront pas, Dieu les a écoutés. La Place du Crime est purgée par le feu, le Grand Ruisseau a éconduit, toutes rouges de sang, ses eaux à la mer, et la Gaule, vue comme décabrée, va se rejoindre. Dieu aime la paix; venez, jeune prince, quittez l'Isle de la Captivité. Oyez. Joignez le Lion à la Fleur-Blanche, venez.

Ce qui est prévu, Dieu le veut : le Vieux Sang des Siècles terminera encore de longues divisions.

Lors, un seul Pasteur sera vu dans la Celte-Gaule.

L'Homme puissant par Dieu s'assoyera bien. Moult

sages règlements appelleront la paix. Dieu sera cru guerroyer avec lui, tant prudent et sage sera le Rejeton de la Cap.

Grâces au Père de la Miséricorde!... La Sainte Sion rechante dans ses temples un seul Dieu grand. Moult *brebis* égarées s'en viennent boire au vrai ruisseau vif. Trois Princes et Rois mettent bas le manteau de l'erreur, et oyent clair en la foi de Dieu.

En ce temps-là, un grand peuple de la mer reprendra vraie croyance en deux tierces-parts.

1883 ou 1884 — Dieu est encore béni pendant 14 fois 6 lunes et 6 fois 13 lunes.

1893 — Dieu est *las* d'avoir baillé des miséricordes, et ce pourtant il veut, pour ses bons, prolonger la paix encore pendant 10 fois 12 lunes.

Dieu seul est grand!... Les biens sont faits. Les Saints vont souffrir. L'Homme du Mal, arrivé de deux sangs, prend croissance.

1908 — La Fleur-Blanche s'obscurcit pendant 10 fois 6 lunes et 6 fois 20 lunes, puis disparaît pour ne plus reparaître.

Moult de mal, guère de bien seront en ce temps-là. Moult grandes villes périssent par le feu.

Sus donc, Israël vient à Dieu Christ tout de bon.

Sectes maudites et sectes fidèles sont en deux parts bien marquées.

Mais c'est fait!... Lors, Dieu seul sera cru. Et la tierce-part des Gaules et encore la tierce-part et demie n'a plus de croyance, comme aussi tout de même les autres gents.

1911 — Et voilà déjà 6 fois 3 lunes et 4 fois 5 lunes que tout se sépare. Et le siècle de fin a commencé.

Après un nombre non plein de lunes, Dieu combat par ses deux Justes, et l'Homme du Mal a le dessus.

Mais c'est fait. Le Haut Dieu met un mur de feu qui obscurcit mon entendement et je n'y vois plus.

Qu'il soit béni, loué, à jamais. Amen.

TABLEAU
indiquant le jour où commence chaque nouvelle lune
POUR SERVIR A CONNAITRE LES ÉPOQUES
auxquelles doivent s'accomplir les ébénements annoncés
PAR LA PROPHÉTIE D'ORVAL

ANNÉES.	Janvier.	Février.	Mars.	Avril.	Mai.	Juin.	Juillet.	Août.	Septembre.	Octobre.	Novembre.	Décembre.
1793	14	12	14	12	12	10	10	8	7	6	5	4
94	3	2	3	2	1/31	29	28	27	26	25	24	23
95	22	20	22	20	20	18	18	16	15	14	13	12
96	11	9	11	9	9	8	7	5	4	3	2	1/31
97	30	28	30	28	28	26	26	24	23	22	21	20
98	19	17	19	17	17	15	15	13	12	11	10	9
99	8	6	8	6	6	4	4	2	1/30	30	28	28
1800	27	26	28	25	25	23	23	21	20	19	18	17
01	16	14	16	14	14	12	12	10	9	8	7	6
02	5	3	5	3	3	1/30	29	28	27	26	25	24
03	24	22	24	22	22	20	20	18	17	16	15	14
04	13	11	13	11	11	9	9	7	6	5	4	3
05	1/30	28	31	29	29	27	27	25	24	23	22	21
06	20	18	20	18	18	16	16	14	13	12	11	10
07	9	7	9	7	7	5	5	3	2	1/31	29	29
08	28	26	28	26	26	24	24	22	21	20	19	18
09	17	15	17	15	15	13	13	11	10	9	8	7
10	6	5	6	5	4	3	2	1/30	29	28	27	26
11	25	23	25	23	23	21	21	19	18	17	16	15
12	14	12	14	12	12	10	10	8	7	6	5	4
13	3	2	3	2	1/31	29	28	27	26	25	24	23
14	22	20	22	20	20	18	18	16	15	14	13	12
15	11	9	11	9	9	8	7	5	4	3	2	1/31
16	30	28	30	28	28	26	26	24	23	22	21	20

Suite du Tableau.

ANNÉES.	Janvier.	Février.	Mars.	Avril.	Mai.	Juin.	Juillet.	Août.	Septembre.	Octobre.	Novembre.	Décembre.
1817	19	17	19	17	17	15	15	13	12	11	10	9
18	8	6	8	6	6	4	4	2	$^1/_{30}$	30	28	28
19	27	26	28	25	25	23	23	21	20	19	18	17
20	16	14	16	14	14	12	12	10	9	8	7	6
21	5	3	5	3	3	$^1/_{30}$	29	28	27	26	25	24
22	24	22	24	22	22	20	20	18	17	16	15	14
23	13	11	13	11	11	9	9	7	6	5	4	3
24	$^1/_{30}$	28	31	29	29	27	27	25	24	23	22	21
25	20	18	20	18	18	16	16	14	13	12	11	10
26	9	7	9	7	7	5	5	3	2	$^1/_{31}$	29	29
27	28	26	28	26	26	24	24	22	21	20	19	18
28	17	15	17	15	15	13	13	11	10	9	8	7
29	6	5	6	5	4	3	2	$^1/_{30}$	29	28	27	26
30	25	23	25	23	23	21	21	19	18	17	16	15
31	14	12	14	12	12	10	10	8	7	6	5	4
32	3	2	3	2	$^1/_{31}$	29	28	27	26	25	24	23
33	22	20	22	20	20	18	18	16	15	14	13	12
34	11	9	11	9	9	8	7	5	4	3	2	$^1/_{31}$
35	30	28	30	28	28	26	26	24	23	22	21	20
36	19	17	19	17	17	15	15	13	12	11	10	9
37	8	6	8	6	6	4	4	2	$^1/_{30}$	30	28	28
38	27	26	28	25	25	23	23	21	20	19	18	17
39	16	14	16	14	14	12	12	10	9	8	7	6
40	5	3	5	3	3	$^1/_{30}$	29	28	27	26	25	24
41	24	22	24	22	22	20	20	18	17	16	15	14
42	13	11	13	11	11	9	9	7	6	5	4	3
43	$^1/_{30}$	28	31	29	29	27	27	25	24	23	22	21
44	20	18	20	18	18	16	16	14	13	12	11	10
45	9	7	9	7	7	5	5	3	2	$^1/_{31}$	29	29
46	28	26	28	26	26	24	24	22	21	20	19	18
47	17	15	17	15	15	13	13	11	10	9	8	7
48	6	5	6	5	4	3	2	$^1/_{30}$	29	28	27	26

Suite du Tableau.

ANNÉES.	Janvier.	Février.	Mars.	Avril.	Mai.	Juin.	Juillet.	Août.	Septembre.	Octobre.	Novembre.	Décembre.
1849	25	23	25	23	23	21	21	19	18	17	16	15
50	14	12	14	12	12	10	10	8	7	6	5	4
51	3	2	3	2	$^1/_{31}$	29	28	27	26	25	24	23
52	22	20	22	20	20	18	18	16	15	14	13	12
53	11	9	11	9	9	8	7	5	4	3	2	$^1/_{31}$
54	30	28	30	28	28	26	26	24	23	22	21	20
55	19	17	19	17	17	15	15	13	12	11	10	9
56	8	6	8	6	6	4	4	2	$^1/_{30}$	30	28	28
57	27	26	28	25	25	23	23	21	20	19	18	17
58	16	14	16	14	14	12	12	10	9	8	7	6
59	5	3	5	3	3	$^1/_{30}$	29	28	27	26	25	24
60	24	22	24	22	22	20	20	18	17	16	15	14
61	13	11	13	11	11	9	9	7	6	5	4	3
62	$^1/_{30}$	28	31	29	29	27	27	25	24	23	22	21
63	20	18	20	18	18	16	16	14	13	12	11	10
64	9	7	9	7	7	5	5	3	2	$^1/_{31}$	29	29
65	28	26	28	26	26	24	24	22	21	20	19	18
66	17	15	17	15	15	13	13	11	10	9	8	7
67	6	5	6	5	4	3	2	$^1/_{30}$	29	28	27	26
68	25	23	25	23	23	21	21	19	18	17	16	15
69	14	12	14	12	12	10	10	8	7	6	5	4
70	3	2	3	2	$^1/_{31}$	29	28	27	26	25	24	23
71	22	20	22	20	20	18	18	16	15	14	13	12
72	11	9	11	9	9	8	7	5	4	3	2	$^1/_{31}$
73	30	28	30	28	28	26	26	24	23	22	21	20
74	19	17	19	17	17	15	15	13	12	11	10	9
75	8	6	8	6	6	4	4	2	$^1/_{30}$	30	28	28
76	27	26	28	25	25	23	23	21	20	19	18	17
77	16	14	16	14	14	12	12	10	9	8	7	6
78	5	3	5	3	3	$^1/_{30}$	29	28	27	26	25	24
79	24	22	24	22	22	20	20	18	17	16	15	14
80	13	11	13	11	11	9	9	7	6	5	4	3

Suite du Tableau.

ANNÉES.	Janvier.	Février.	Mars.	Avril.	Mai.	Juin.	Juillet.	Août.	Septembre.	Octobre.	Novembre.	Décembre.
1881	1/30	28	31	29	29	27	27	25	24	23	22	21
82	20	18	20	18	18	16	16	14	13	12	11	10
83	9	7	9	7	7	5	5	3	2	1/31	29	29
84	28	26	28	26	26	24	24	22	21	20	19	18
85	17	15	17	15	15	13	13	11	10	9	8	7
86	6	5	6	5	4	3	2	1/30	29	28	27	26
87	25	23	25	23	23	21	21	19	18	17	16	15
88	14	12	14	12	12	10	10	8	7	6	5	4
89	3	2	3	2	1/31	29	28	27	26	25	24	23
90	22	20	22	20	20	18	18	16	15	14	13	12
91	11	9	11	9	9	8	7	5	4	3	2	1/31
92	30	28	30	28	28	26	26	24	23	22	21	20
93	19	17	19	17	17	15	15	13	12	11	10	9
94	8	6	8	6	6	4	4	2	1/30	30	28	28
95	27	26	28	25	25	23	23	21	20	19	18	17
96	16	14	16	14	14	12	12	10	9	8	7	6
97	5	3	5	3	3	1/30	29	28	27	26	25	24
98	24	22	24	22	22	20	20	18	17	16	15	14
99	13	11	13	11	11	9	9	7	6	5	4	3
1900	2	1	2	1/30	30	28	28	26	25	24	23	22
01	22	20	22	20	20	18	18	16	15	14	13	12
02	11	9	11	9	9	8	7	5	4	3	2	1/31
03	30	28	30	28	28	26	26	24	23	22	21	20
04	19	17	19	17	17	15	15	13	12	11	10	9
05	8	6	8	6	6	4	4	2	1/30	30	28	28
06	27	26	28	25	25	23	22	21	20	19	18	17
07	16	14	16	14	14	12	12	10	9	8	7	6
08	5	3	5	3	3	1/30	29	28	27	26	25	24
09	24	22	24	22	22	20	20	18	17	16	15	14
10	13	11	13	11	11	9	9	7	6	5	4	3
11	1/30	28	31	29	29	27	27	25	24	23	22	21

LE ROI LOUIS XVII

ET

LE REJETON DE LA CAP

L'histoire de Louis XVII par M. A. Beauchesne était arrivée à sa cinquième édition lorsque Monseigneur Dupanloup vint encore ajouter un nouveau fleuron à cette œuvre déjà couronnée par l'Académie française.

« Ce qui fait l'extraordinaire intérêt de ce livre, c'est qu'il
» n'est pas comme tant d'autres, l'histoire des faits vulgaires,
» il est surtout l'histoire des âmes : des âmes qui ont le plus
» souffert pendant la Révolution française, et de celles aussi
» qui ont le plus fait souffrir. — Aussi ai-je trouvé dans cette
» étude un charme étrange et douloureux, qui m'a fait en
» même temps, et par un entraînement involontaire, jeter un
» coup d'œil sur toute la Révolution française, et sonder plus
» à fond que je ne l'avais encore fait cette formidable épo-
» que.

» ..... Non, tous ces faits de la Révolution, je les savais ;
» mais les âmes, ah! je ne les avais pas assez considérées.

» ....Et toutes ces âmes, dans ce livre, sont groupées avec
» un art merveilleux autour d'un enfant (1).

» Après avoir lu cette *histoire plus illuminante en deux
volumes que d'autres en vingt ou trente*, l'esprit du lecteur
n'est cependant pas subjugué par la magie du style et le
charme de la pensée. Il ose même se demander : comment un
homme a-t-il pu écrire onze cent (1100) pages afin de prouver
la mort d'un prince...., arriver à *un enterrement*..., dire : *l'enfant Roi a vécu*...., *son agonie* a été suivie de *la mort*...., ter-
miner son histoire par un *acte de décès* de Louis-Charles Capet..., couronner sa collection d'autographes, de vues et de
portraits, par un *plan de cimetière*.

---

(1) A. de Beauchesne : *Louis XVII, sa Vie, son Agonie, sa Mort ;*
5me édit. enrichie d'Autographes, de Portraits et de Plans, Paris, Henri
Plon, imp.-édit., 1866.

Passe encore de s'enthousiasmer pour une cause dont le héros serait vivant.... pour un Roi que le Ciel aurait annoncé comme le sauveur de la patrie et la gloire de l'Eglise.

Mais trouver moyen de publier cinq éditions pour dire: « *Le Roi n'est plus,* » voilà qui fait réfléchir.

Les divers gouvernements qui se succédèrent sur le trône de Louis XVII ont dû favoriser l'auteur *du moins dans ses nombreuses recherches* « aux archives de l'Empire, à la Con- » vention, à la Commune, dans les dossiers du Tribunal révo- » lutionnaire, dans les Procès-Verbaux du Temble, etc., etc.»

Hélas! quel historien n'est pas pour les usurpateurs un homme à convertir?

* * *

Et M. Henri Plon, Imprimeur *Impérial*, quel beau papier, quels délicieux caractères il sut choisir, dans l'année même qui précéda l'apparition de l'*Histoire de Jules-César!*

Toujours pour dire : « *L'enfant est mort dans la tour du Temple.* »

Mais.... quel était cet enfant mort dans la tour du Temple ?

Le Dauphin Louis XVII ou un autre enfant ?

Là est le point essentiel.

Dans son *Histoire des âmes,* M. de Beauchesne a oublié de vérifier *l'identité du corps,* et le docteur Desault qui ne voulut pas reconnaître le Dauphin dans le corps de l'enfant à lui exhibé comme tel, mourut quelques jours après... empoisonné.

* * *

Les portes de la tour du Temple se sont-elles donc ouvertes devant le Dauphin? Louis XVII aurait-il été soustrait à des projets homicides ? Ce bruit si répandu d'une substitution se- rait-il vrai? Mme de Beauharnais et M. de Frotté auraient- ils réussi dans leur entreprise? les geôliers firent-ils leur de- voir en sauvant leur Prince et pour cet acte ont-ils bien mé- rité de la patrie? Louis XVII, ce descendant de la plus illus- tre famille de rois, Roi lui-même, existe-il encore, du moins dans une postérité providentielle ? Celle-ci pourrait-elle un jour revendiquer ses droits sur la couronne de France?

C'est sur quoi M. de Beauchesne passe, permettez l'expression, comme chat sur *brais*, malgré les documents les plus authentiques.

* * *

Ces documents sont de l'ordre historique et prophétique. En ne les reproduisant pas, en les passant sous silence, l'auteur de la *Mort de Louis XVII* enlève tout cachet historique à son œuvre, il est contraire aux prophéties et à des témoignages du plus grand respect.

* * *

On lit dans l'*Histoire de la Révolution française* par M. Louis Blanc (édition illustrée par M. H. de la Charlerie) T. II, pages 692 à 703 :

« L'enfant qui mourut dans la tour du Temple, le 20 prairial an III (8 juin 1795), était-il le Dauphin fils de Louis XVI, ou bien un enfant substitué ?

» ....Les fonctions de Simon (à la tour du Temple) finirent au commencement de 1794. A cette époque, forcé d'opter entre la charge de gardien et celle de municipal, il préféra la seconde.

« Ici commence le mystère.

» Le 19 janvier, écrit la fille de Louis XVI (c'est ainsi que
» l'écrivain archi-républicain nomme la Princesse, sœur du
» Dauphin, depuis Duchesse d'Angoulême) nous entendîmes
» chez mon frère un grand bruit qui nous fit conjecturer qu'il
» s'en allait du temple, et nous en fûmes convaincus, quand,
» regardant par le trou de la serrure, nous vîmes emporter les
» paquets. Les jours d'après, nous entendîmes ouvrir la porte
» et marcher dans la chambre, et nous restâmes toujours per-
» suadées qu'il était parti. »

« Que s'était-il passé ?

» Quelques-uns ont prétendu :

» Que le 19 janvier 1794, jour du déménagement de Simon et de sa femme, un enfant muet fut substitué, dans la tour du Temple, au fils de Louis XVI ;

» Que cet enlèvement eut lieu par les soins de MM. de Frotté et Ojardias, émissaires du Prince de Condé, qui avaient gagné Simon. »

» ....La veuve de Simon passa les derniers jours de sa vie aux Incurables (femmes), rue de Sèvres, à Paris, où elle mourut le 10 juin 1819. Or, les Sœurs de l'Hospice ont déclaré avoir toujours entendu dire à la veuve Simon que le Dauphin n'était pas mort au Temple ; qu'il avait été enlevé ; qu'elle et son mari avaient contribué à l'évasion, et que le moment choisi pour cette évasion avait été celui de leur déménagement.

» ....A l'époque où elle racontait ces choses, la veuve Si-mon était en pleine possession de toutes ses facultés.... »

* * *

Dans les *Souvenirs sur Marie-Antoinette* de la Comtesse d'Adhémar, qui avait été Dame du palais de la Reine, on lit :

« Malheureux enfant, dont le règne s'est écoulé dans un cachot, où toutefois il n'a pas trouvé la mort ! Certes, je ne veux en aucune manière multiplier les chances qui s'offriront à des imposteurs ; mais en écrivant ceci au mois de mai 1799, je certifie, sur mon âme et conscience, être particulièrement sûre que Sa Majesté Louis XVII n'a point péri dans la prison du Temple.... Mais, je le répète, je ne m'engage pas à dire ce que le Prince est devenu, je l'ignore : le seul Cambacérès, homme de la Révolution pourrait compléter mon récit ; car là-dessus il en sait beaucoup plus que moi. »

En citant ce passage, M. Louis Blanc ajoute que ces assertions « tirent quelque valeur des ménagements dont les Bourbons à l'époque de leur retour en France, usèrent envers Cambacérès, et de l'empressement avec lequel ils firent séquestrer ses papiers après sa mort.... »

* * *

L'*Impératrice Joséphine* donne dans ses *Mémoires* de curieux renseignements sur Louis XVII pendant le Consulat et l'Empire. On ne peut aller puiser à une meilleure source, car les attestations des personnes qui coopérèrent à l'enlèvement du Dauphin de la tour du Temple portent qu'elles agirent à l'instigation et par les soins de Mme de Beauharnais. Voici les propres paroles de l'Impératrice :

« ....*Bonaparte.* devenu le premier magistrat d'une république naissante, aurait pu tout entreprendre. Je lui remettais sans cesse sous les yeux l'exemple du général *Monck* en l'invitant à suivre ce grand modèle. « La France semble atten-
» dre de toi une action généreuse ; en replaçant les *Bourbons*
» sur le trône, tu ne ferais peut-être qu'accomplir les vœux
» de la nation.

» ....M. de Frotté voulut imposer des conditions plus dures : il prétendait que le malheureux fils de Louis XVI, le dernier Dauphin, existait ; il réclama pour ce jeune Prince, la conronne de France. C'en fut assez pour le faire rayer de la liste qui proclamait l'amnistie (1).

» ....A peu près vers cette époque, *Fouché*, alors Ministre de la police, vint apprendre à Bonaparte qu'un jeune homme que l'on venait d'arrêter et de conduire en prison prétendait être le fils de l'infortuné Louis XVI. Déjà, le 21 janvier de l'année 1800, on avait vu un drap mortuaire de velours noir croisé de blanc, tapisser le portail de l'Eglise de la Madelaine; le testament du Roi fut même affiché dans diverses Eglises et répandu dans les salons. *Bonaparie* en conçut de l'inquiétude, et donna des ordres pour faire disparaître ces marques de la douleur des Français. Quant à l'imp...... (car il le jugeait tel) (2), il dit confidentiellement à Fouché de le retenir dans un lieu secret, pour ne point alimenter l'*espoir* ou la curiosité du peuple. Le *Consul* cherchait à effacer tout ce qui pou-

(1) Quelques jours après M. de Frotté fut assassiné par les ordres de Bonaparte. A la nouvelle que ce crime était consommé, le premier Consul laissa sortir ces paroles doublement accusatrices : " ....Avec quelques généraux d'un mérite aussi distingué (que M. de Frotté), le *Prétendaut* aurait pu espérer de se voir un jour rappeler sur le trône de France.... „
Mém. de l'Imp. Joséphine, (p. 330, 1re Edit.). Napoléon Ier connaissait donc l'existence de Louis XVII et craignait ce *Prétendant*.
(2) C'est-à-dire, car Napoléon était capable de sacrifier la vérité sur l'autel de l'orgueil, témoin ce jour, 28 ventôse an XII (19 mars 1804), où il écrivait au Général Murat, Gouverneur de Paris : " Il n'y a d'autres „ princes à Paris que le Duc d'Enghien qui arrive demain à Vincennes. „ Soyez certain de cela, et *ne souffrez même pas qu'on vous dise le con-* „ *traire* (!). „ *Correspondance de Napoléon Ier*, n. 7632. „

vait éveiller le souvenir d'une famille proscrite par des fac-
tieux, et qui pourtant, par ses augustes bienfaits, ne méritait
point de l'être. »

(*Mém. hist. et secr. de l'Imp. Joséphine* publiés par M. M.-A.
Le Normand, T. 1, p. 327 à 331 ; Paris, novembre 1820.

« Il n'en était pas ainsi de Joséphine. S'adressant au Ministre
de la Police générale : « Fouché, je vous ai préparé à l'avé-
» nement du retour de Bonaparte, je vous ai été constamment
» favorable auprès du Directoire depuis votre arrivée d'Ita-
» lie ; je vous ai fait maintenir dans votre place sous le Con-
» sulat : jurez-moi en ce mement sur l'honneur, et pour prix de
» mes bienfaits, que vous respecterez les jours de cet imp......
» Fouché.... Je réclame de votre bienveillance en sa faveur,
» le bienfait d'un exil *calculé*. Quant à moi je me charge de
» pourvoir á tous ses besoins.... »

« Ici le Ministre parut attendri. Jurez-moi de nouveau le
» plus inviolabie secret ; vous en sentez les conséquences,
» surtout à l'aurore d'un nouveau règne. Le moderne César
» ne paraît nullement disposé à jouer le rôle de régent. Qui
» sait même si cet homme extraordinaire ne voudra point
» tenter de monter sur le trône en dépit de vos vieux jaco-
» bins.... ? »

« On ne sait ce que ce jeune homme est devenu, mais ses
bienfaiteurs n'auront pu l'ignorer !!! »

(Reproduit dans le *Nouveau Recueil de Prédictious*, Lib.
Cath. d'Edouard Bricon, Rue du Vieux Colombier, n° 19, novembre 1830).

* * *

Le vendredi 13 octobre 1820, Sylvio-Pellico fut arrêté *à
Milan* et conduit à Sainte-Marguerite. Le soir de ce malheureux vendredi, [dit l'auteur de *Mes Prisons*, c'est-à-dire Sylvio-Pellico lui-même, « le greffier me consigna entre les mains
du geôlier. »

« Il n'y avait pas grande malveillance à me plaindre de
l'horrible chambre où l'on m'avait placé. Par bonheur il en
vint à vaquer une meilleure et l'on me fit l'aimable surprise
de me la donner.

« ....J'y fis apporter mon lit, et dès que les *Secondini* m'eurent laissé seul, mon premier soin fut de visiter les murs. On

y lisait des souvenirs, les uns avec un crayon, les autres avec du charbon, d'autres avec une pointe incisive. J'y trouvai deux jolies strophes en français, que je me reproche aujourd'hui de n'avoir pas apprises par cœur. Elles étaient signées le *Duc de Normandie*.

Je me mis à les chanter, en y adaptant de mon mieux l'air de ma pauvre Madelaine ; mais voici qu'une voix se mit à les chanter tout près de moi, sur un autre air. Lorsque le chanteur eut fini, je lui criai : Bravo ! et il me donna le bon jour avec politesse, en me demandant si j'étais français.

« ....Ces belles stances, écrites sur le mur, sont de vous ?

» — Oui, Monsieur.

» — Vous êtes donc.... ?

» — L'infortuné Duc de Normandie !

» Le geôlier passait sous nos fenêtres et nous fit taire.

» Quel infortuné Duc de Normandie ? pensais-je. N'est-ce pas le titre qu'on donnait au fils de l'infortuné Louis XVI ?

» ....Quelques instants après, il se remit à chanter, et nous reprîmes la conversation.

» A la question que je lui fis sur sa personne, il répondit qu'il était en effet Louis XVII.

» ....Mon oncle (Louis XVIII) refusa injustement de me reconnaître, et ma sœur (la duchesse d'Angoulème) s'unit à lui pour m'accabler. Le bon Prince de Condé m'accueillit seul à bras ouverts, mais son amitié ne pouvait rien pour moi...

» ....Je le priai de me faire en abrégé le récit de sa vie. Il me raconta minutieusement toutes les particularités que je savais déjà sur Louis XVII : comment en l'enferma avec ce misérable Simon, le savetier ; comment on lui fit attester une infâme calomnie contre les mœurs de la pauvre Reine, sa mère, etc. Enfin on vint une nuit le prendre dans sa prison, un enfant stupide.... fut mis à sa place, et lui fut emporté.

» ....Les *Secondini* n'étaient pas éloignés de croire qu'il fût réellement Louis XVII.... Excepté la permission de s'évader, il trouvait auprès d'eux tous les égards qu'il pouvait désirer.

« Je fus redevable à ces égards de l'honneur de contempler le grand personnage.... il avait une figure vraiment bourbonienne....

(SYLVIO-PELLICO, *Mes Prisons*, trad. de M. Ant. de Latour, Paris, Delahaye, édit. ill. par Tony Johannot, MDCCCLIII).

Le fameux revolutionnaire italien ne croyait pas *au Roi* Louis XVII ; et cependant il laisse voir que ce *Duc de Normandie* n'était pas un personnage ordinaire puisqu'il connaissait à la fois la poésie et la musique.

Si les strophes de la prison Sainte-Marguerite existaient encore, on pourrait en comparer l'écriture avec les autographes du Dauphin publiés par M. de Beauchesne et voir s'ils proviennent de la même main.

* * *

Distinguer le vrai Louis XVII du milieu des imposteurs qui, *croyant à son existence,* et connaissant son humilité, s'emparèrent de son nom pour jouer un rôle dans le monde n'est pas facile.

» Il est, certes, possible que parmi les faux Dauphins qui, à diverses époques, mirent en éveil la curiosité publique tels que Mathurin Bruneau, aient été suscités par le gouvernement lui-même pour étouffer toute prétention de ce genre sous le ridicule, et il n'est pas douteux que d'autres aient été d'audatieux imposteurs : reste la question de savoir pourquoi les successeurs de Louis XVII ont fait plus d'efforts pour épaissir les ténèbres qu'il ne leur en eût peut-être fallu pour les dissiper ; et ce qui est plus inexplicable encore, pourquoi ils ont toujours montré une répugnance invincible à attester par un acte public que, dans leur conviction, l'enfant mort au Temple était bien le fils de Louis XVI !

» Les 17 et 18 janvier 1816 la Chambre des Pairs et la Chambre des Députés votaient une loi statuant, entre autres choses, qu'un monument serait élevé, au nom et aux frais de la nation à la mémoire de Louis XVII. Rien de semblable n'eut lieu : pourquoi ?....

» Le 4 mars 1820, un nommé Caron, qui avait été employé au service de bouche de Louis XVI, qui était parvenu à s'introduire au Temple, après le transfert de la famille royale dans cette prison, et qui possédait ou prétendait posséder, sur l'enlèvement du fils de Louis XVI, des détails secrets et importants, disparut tout à coup, à la suite de plusieurs visites d'un grand personnage de la Cour, sans que sa famille ait jamais pu retrouver sa trace : Comment expliquer cette disparition ?

(Louis Blanc, *Hist. de la Révol. franç.*, édit. cit. p. 703).

* * *

Le Roi Louis XVII apparaît donc devant l'histoire comme un nouvel homme au masque de fer. Les Prophéties pourront peut-être nous le faire retrouver.

* * *

Tout le monde connaît le paysan Martin et ses révélations. Cet homme fut envoyé à Louis XVIII à peu près de la même manière qu'un habitant de la ville de Sallon à Louis XIV (1). Voici comment, en France, on parlait de Martin dans le mois de novembre 1830. (*Nouv. Recueil de Proph.*, ouv. déjà cité) :

» Martin est toujours très-discret sur tout ce que Dieu lui révèle sur la France. Il me semble pourtant que les lumières qu'il reçoit en particulier, doivent être pour l'instruction de tous, et la réserve qu'il met à les répandre m'étonne autant que la manière extraordinaire dont il les reçoit. La vérité, selon moi, doit paraître au grand jour sans aucune espèce de crainte. Les réticences de Martin me semblent donc condamnables. S'il est réellement inspiré, il ne doit point craindre qu'en annonçant ce qui arrivera, cette publicité soit un empiétement à l'exécution de la volonté de Dieu ; les obstacles suscités par les hommes ne font que hâter l'accomplissement des desseins de la Providence. Quant à moi, je me fais un devoir d'apprendre à mes lecteurs tout ce que je sais de positif sur les révélations de Martin ; il est temps de couper le nœud gordien, chacun donnera le degré de croyance qu'il jugera convenable aux faits que je vais rapporter : je ne garantis point leur accomplissement, mais seulement la source d'où je les tire.

---

(1) C'est-à-dire, et malgré toutes les dénégations imaginables, un frère aîné de Louis XIV qu'un caprice de mère voulut priver de la couronne.

« Martin, depuis 1816, dit que Louis XVII existe : ce fut là le sujet de sa mission à Louis XVIII. Il lui a dit de rendre le trône à celui à qui il appartenait de droit. Louis XVII (toujours selon Martin) est d'une piété angélique ; le trône lui semble être un pesant fardeau, et il ne l'acceptera que pour remplir la volonté de Dieu. C'est parce que Louis XVIII n'a pas fait ce que lui a dit Martin, relativement à Louis XVII, que Charles X et sa famille ont été chassés de France. Martin continue à avoir des révélations sur Louis XVII. Il persiste dans tout ce qu'il a annoncé de ce Prince, et dit qu'il n'est pas en France. »

* * *

Une tradition rapporte que de Milan *le Duc de Normandie* se rendit en Amérique (Sud), rendu à la liberté par l'Empereur d'Autriche ensuite d'une enquête qui prouva son identité.

En combattant pour le Roi d'Espagne, Louis XVII y conquit le grade de général.

* * *

Après son arrestation par Fouché (et avant d'avoir été détenu à Milan), le Roi Louis XVII passe pour avoir reçu.... *à Bicêtre!*.... une brillante éducation littéraire de Mgr de Gorente (Evêque jureur, *mais repentant*) un des prédécesseurs de Monseigneur Félix sur le Siége d'Orléans. Il était possible donc de reconnaître Louis XVII soit par ses écrits, soit par sa conversation.

* * *

Mais ce *Rejeton de la Cap* qui donc est-il ? Montera-t-il immédiatement sur le trône de France ? ou succèdera-t-il à un autre Souverain ? à un autre Gouvernement ?

Une prédiction citée dans l'*Avenir* de M. Henry de Langdon ne craint pas, de nommer le Prince qui serait appelé à gouverner la France après que « la faim, la peste et la guerre civile » auront appris aux Parisiens à ne plus se faire les propagateurs de la prostitution et des idées révolutionnaires (1).

1 Voici les paroles de cette prédiction :
" Avant cela, il y aura à Paris, la faim, la peste et la guerre civile.
" Alors Henri V sera Roi de France, et il laissera l'île de la captivité. „

* * *

Au milieu des erreurs de copistes, notamment dans les noms propres, et des difficultés chronologiques de la Prophétie de Jean de Vatiguerro, imprimée en 1524, dans le *Liber Mirabilis,* on peut distinguer ces paroles significatives :

« Avant que le monde arrive à l'année 18.., l'Eglise Uni-
» verselle et le monde entier gémiront de la prise, de la spo-
» liation, et de la dévastation de la plus illustre et de la plus
» fameuse cité qui est la capitale et la maîtresse de tout le
» royaume de France. Toute l'Eglise, dans tout l'univers,
» sera persécutée d'une manière lamentable et douloureuse ;
» elle sera dépouillée et privée de tous ses biens temporels....

» ....Car toute la malice des hommes se tournera contre
» l'Eglise Universelle, et par le fait elle sera sans défenseur
« pendant vingt-cinq mois et plus....

» ....Hélas ! les douleurs causées par tous les tyrans, les Em-
» pereurs et les Princes infidèles seront renouvellées par ceux
» qui persécuteront l'Eglise ; en effet, leur malice et leur im-
» piété, et la cruelle inhumanité des Vandales (2), ne seront
» rien en comparaison des nouvelles tribulations qui dans peu
» accableront la Sainte Eglise.

» ....La Lorraine (*Lotharingia*) sera dépouillée et plongée
» dans le deuil, et la Champagne (*Campagnia*) implorera en
» vain le secours de ses voisins ; il ne lui en sera point donné,
» mais elle sera saccagée, pillée, et elle demeurera doulou-
» reusement dans la dévastation.

» ....Mais, vers l'an du Seigneur 18.., un peu avant ou après
» *(modicum ante vel post),* ces provinces seront secourues par
» *un Prince captif dans sa jeunesse, qui recouvrera la cou-*
» *ronne du Lys* et étendra sa domination sur tout l'univers. »

2 C'est-à-dire des peuples de la Germanie. En observant à quelle bar-
barie les Allemands se sont laissés aller pendant la guerre Franco-Prussienne, on comprend pourquoi les Romains nommaient les anciens Ger-
mains des *Barbares* et comment cette prophétie qualifie l'ensemble des
peuples de l'Allemagne de *Vandales.*

LE CRIME DE PARIS

Si, au seul nom de Paris, l'univers entier, était, hier encore, fasciné, ébloui, c'est parce que la cité flétrie des noms de Sodome et de Gomorrhe par les prophéties, s'était transformée en ange de lumière.

Arrachons donc le masque qui recouvre la *grande prostituée*, car il faut connaître son âge, sa nudité et son crime.

Sur son front on lit ces mots : « Mystère; la grande Baby-
» lone, la mère des fornications et des abominations de la
» terre. »

De fait, et depuis les jours du régicide, la moderne Babylone tyrannisait le monde, régnant « sur les peuples, les nations et les langues, » les empoisonnant de son esprit, de ses modes, de son verbiage, d'où l'on avait banni jusqu'à la pudeur.

Mais il y a une justice, les pas de l'impie sont comptés : c'est au moment où le drapeau de la révolution sortait de Paris, pour faire un nouveau tour de l'Europe, que le *fléau de Dieu* vint à la tête de ses armées pour l'investir.

**

Quel était donc le crime de Paris ?

Demandons-le à ces hommes privilégiés qui ont connu les secrets de Dieu et la raison de ses châtiments.

« Le Seigneur a présenté, par la main de cette ville impie,
» dévastatrice de ses temples, meurtrière de ses Prêtres, de
» ses Rois et de ses propres enfants, le calice de sa vengean-
» ce à tous les peuples de la terre.

» Toutes les nations ont bu du vin de sa fureur; elles ont
» souffert toutes les agitations de sa cupi»ité; mais en un
» moment Babylone est tombée, et elle s'est brisée dans sa
» chûte (1). »

(1) *Prophétie de Botin* (1410); *H. Dujardin*, l'Oracle pour 1840, p. 189.

C'est donc bien *par ses crimes* qu'elle était superbe la *Grande Babylone*.

**

Mais distinguons d'abord entre Paris ancien et le Paris de Napoléon III, — entre Paris et la France, — entre le premier royaume de la terre et cette cité hideuse qui l'enchaîna depuis quatre-vingt ans et vient encore tomber affamée à sa charge.

Distinguons entre quelques familles d'une piété d'autant plus belle que la difficulté de pratiquer était plus grande, entre des Communautés exemplaires, un Clergé d'élite.... et ce ramassis de chevaliers d'industrie, d'écrivassiers, de démagogues, d'agitateurs, de sectaires, de francs-maçons, de spirites, de mediums, de saltimbanques, de prostitués et de prostituées.

Pendant que les uns sont la gloire de la France, les derniers avaient converti Paris en une antichambre de l'enfer.

**

Le crime de Paris ! il faut l'afficher, le publier, il faut clouer *la grande prostituée* au gibet de l'expiation , alors que cette cité des plaisirs défendus vient d'être réduite à se nourir de rats d'égoûts.

Et d'abord, Paris moderne , le Paris du Préfet Haussmann, le Paris de Napoléon III « qui se transformait *comme par enchantement* » s'est élevé avec le fruit de l'iniquité..., disons le mot : avec de l'argent *volé*.... *volé* à tous ceux qui n'étaient pas initiés aux mystères de cette grande machine... nommée... *la Bourse*.

Cette Bourse ne montait ni ne baissait accidentellement : ses fluctuations avaient des auteurs, une raison d'être.

Napoléon , ses ministres et tous ces parvenus, méchants hères au 2 décembre , et aujourd'hui millonnaires, ont su gagner toujours pendant que d'autres perdaient toujours....

Voici comment :

Ces ministres napoléoniens, si souvent renouvelés pour la ruine de plusieurs, disaient la veille à leurs créatures, agents, banquiers..., cousins..., neveux... : demain dans le *Journal of-ficiel*, je donnerai *telle nouvelle*. — Alors, achetez à la Bourse

ou vendez.... faites acheter ou vendre.... hausser ou baisser....
et nous recommencerons tel jour.

Et les initiés achetaient ou vendaient à coup sûr, s'appro-
priant ainsi le bien d'autrui dans un jeu infernal où une partie trompait l'autre.

Un million passait ainsi dans de nouvelles poches en deux
ou trois de ces opérations dignes des galères.

Mais pour chaque million ainsi entré dans Paris par les
portes de la Bourse, il en sortait un de la poche d'autrui....

Il n'est pas une ville de France et des pays avoisinants où
l'on ne puisse compter les victimes de la Bourse....

Par contre, on pourra aussi compter les millionnaires im-
provisés.... qui, pensant à jamais assurer le fruit de leurs ra-
pines, le convertirent en immeubles, le placèrent sur les cons-
tructions de Paris, spéculèrent encore avec le nommé Haussmann, firent construire des maisons, des hôtels et des écuries.

Le moderne Paris, *dans une notable partie*, a donc bien été
édifié *avec de l'argent volé* à la France et à l'Europe.

Mais bien mal acquis, dans les villes comme dans les campagne, s'envole tôt ou tard en fumée.

Telle est la première morale.... et le compte n'est pas encore réglé (1).

**

Le fruit de l'iniquité ne saurait profiter parce qu'il est un
obstacle pour le salut, et que, pour une seule âme, le divin
Rédempteur donnerait la terre et tous les mondes qui roulent
dans l'espace.

O, comme quelques âmes encore pures et droites tremblè-
rent à propos *devant la progression, chaque jour plus mar-
quée, du luxe, des industries de luxe, de la frénésie des spécu
lations, du jeu passionné de la Bourse....* qui caractérisait le
Paris de Napoléon III (2).

---

1 La correspondance de la *Gazette de Lausanne*, du mercredi 15 mars
porte, en effet ces mots, hélas! significatifs : " Je vois l'Assemblée sur le
˝ chemin de Paris; rien n'a pu l'arrêter sur la pente; trop de gens ont
˝ envie de retrouver la *Bourse, les cercles, les théâtres et les petites
˝ dames....* donc, à bientôt....

2 *A. Josse et J. Todevin*, Guide spécial du Clergé dans Paris, p. 39.

Aussi, a-t-on pu se demander un jour : « Quel sera l'effet moral de ce développement sans mesure de Paris ? » et, dès le règne de Louis XVI, c'est-à-dire dès l'organisation de la *maçonnerie* moderne dont Napoléon III fut l'élu, affirmer que : « On ne trouve plus chez les Parisiens cette gaîté qui
» les distinguait il y a 60 ans et qui formait pour l'étranger
» l'accueil le plus agréable et le compliment le plus flatteur
» Leur abord n'est plus si ouvert, ni leur visage aussi riant.
» Je ne sais quelle inquiétude a pris la place de cette humeur
» enjouée et libre qui attestait des mœurs plus simples, une
» plus grande franchise et une plus grande liberté. On ne se
» réjouit plus en compagnie, l'air sérieux, le ton caustique
» annoncent que la plupart des habitants songent à leurs
» dettes (1). »

Serait-ce pour s'en affranchir que les Parisiens inventèrent les modernes rouages de la *Bourse?* tout semble l'annoncer, car ces dernières années on aurait cherché en vain le sérieux dans Paris ; on y voyait la plus folle gaîté, cette gaîté d'un criminel qui cherche à s'étourdir, à en imposer.

Comme cette phrase était prophétique : « Quelques pen-
» seurs disent que Babylone, la veille de sa ruine, était plus
» splendide que jamais (2). »

*
* *

Le problème des prodigieuses fortunes réalisées par MM. Haussmann et Compagnie dans la reconstruction de Paris se démontre encore par d'ignobles manœuvres qui, se continuant, auraient absorbé les finances de la France.... au profit de quelques milliers de misérables, car les moyens financiers d'un royaume ou d'une ville sont aussi limités que ceux d'une famille ou d'un individu.

M. Haussmann et consorts, ces mauvais génies de Paris, étaient, à la fois, promoteurs des projets de démolition ou de reconstruction, acheteurs et vendeurs.

Aussitôt que le Préfet du dernier régime avait fait agréer un de ses projets par le soi-disant Empereur, vite il achetait en sous-main, ou faisait acheter par ses compères les maisons

1 Cité par MM. A. Josse et J. Todevin.
2 *Guide spécial du Clergé*, ouv. cité, p. 39.

et les quartiers à démolir, comptant sur une expropriation de connivence afin de réaliser des bénéfices non moins immoraux que désastreux pour le plus grand nombre.

Sur les deniers publics, un immeuble de cent mille francs lui était ainsi payé deux cent mille, et, après la reconstruction, les locataires devaient fournir dix mille francs d'intérêt au lieu de cinq mille. La preuve de ces scélératesses, preuve sensible et palpable, est dans les *millions* que les créatures de l'empire parvinrent à cumuler.

Les maisons de Paris qui se sont élevées par ces voies criminelles sont donc bien maudites dès leur fondation.

* * *

Et cette mode parisienne qui, au retour de chaque saison, s'imposait au monde en spéculant sur la faiblesse du cœur humain! N'a-t-elle pas été le ver rongeur de milliers de familles? Pour habiller quatre fois l'an Madame et les enfants, pères et maris devaient vivre de sacrifices.

Cet argent ainsi dépensé, enlevé aux provinces, où allait-il? — à Paris! — par la voie des abonnements aux journaux de Paris, des articles de Paris, des nouveautés de Paris, des modes de Paris, etc., etc.

Aussi faut-il appliquer à la *grande prostituée* ces terribles paroles : « Rendez-lui comme elle vous a rendu, rendez-lui » au double selon ses œuvres; dans la coupe où elle vous a » fait boire, faites-la boire deux fois autant (1). »

* * *

Des choses, des maisons, des théâtres, des lieux qui virent la moderne Sodome régner par ses mœurs barbares, sa presse et ses modes indécentes, sur la moitié du genre humain, passons aux personnes, — distinguant toujours entre le peuple français et la populace de Paris. Au premier, honneur et gloire à jamais, car il est le soutien de nos Pontifes, le Séminaire de la chrétienté, la bourse toujours ouverte à l'Eglise, l'épée de la justice et l'espoir des opprimés.

Paris, et Paris seulement, fut donc suivant l'expression énergique de l'ange de l'Apocalypse: » *une demeure de dé-*

1 *Apocalypse* ; XVIII, 6.

mons, une retraite de tout esprit impur, de tout oiseau im-
monde et qui inspire de l'horreur (1). »

Mais qu'aucune nation ne se croie exempte de savourer l'amertume de cette coupe ; tous les pays du monde, toutes les cités, Londres, Berlin, New-York et cent autres ont contribué à faire de Paris la retraite des oiseaux immondes, des esprits impurs et des démons.

Les *oiseaux immondes* de Paris..., mais, c'est ce troupeau de prostitués et de prostituées aux couleurs variées, séductrices, qui souillaient les boulevards en y cherchant le crime et le fumier.

A ces paroles de vérité, les inculpés pousseront de grands cris, se voileront la face : mais c'est une fausse pruderie.

Certaine réplique de Molière justifie déjà l'écrivain.

Et pour preuve, n'avons-nous pas vu le Général Trochu, Commandant de Place, faire sortir de Paris *des milliers* de créatures dont la seule occupation était de pratiquer le crime le plus honteux qui soit au monde.

Pour l'opprobre d'un gouvernement qui n'est déjà plus, la position de ces ignobles filles était.... *légalisée....* comme si la Loi de Dieu ne portait pas avec la vieille rime française :

Œuvre De Chair Tu Ne Désireras
Qu'en Mariage Seulement.

***

Et ce prétendu mariage civil, si en vogue à Paris ! la perfide singerie plongeait une foule de personnes, d'ailleurs bien intentionnées, dans un affreux concubinage, elle faisait naître un peuple d'enfants naturels (car le mariage ne consiste pas dans une inscription chez l'officier d'Etat Civil, *le mariage est un sacrement* que seul le Prêtre de Jésus-Christ a pouvoir d'administrer ; l'accessoire, dont on peut se passer à la rigueur, c'est l'inscription du nom des époux sur les registres civils, *le principal c'est d'obéir aux prescriptions de l'Eglise pour la réception de ce Sacrement.*

***

Ainsi, par son immoralité, la gent parisienne courait à grande vitesse vers cette dégénéressense du genre humain qu'on

1 *Apocalypse* ; XVIII, 2.

nomme vulgairement *l'état sauvage*, dans lequel, pour avoir méconnu les préceptes divins, sont déjà tombés bien des peuples sortis d'Adam et d'Eve, nos premiers parents.

Pour conserver la race humaine, la relever et la guérir, au jour de la chûte, la bonté ineffable du Dieu d'amour et de charité, nous donna *les Sacrements*.

Depuis Voltaire et Rousseau, Paris s'est efforcé d'y échapper : Sa devise infâme semble avoir été de violer les lois de Dieu, de l'Eglise et de la morale.

Dès lors, il fallait en finir avec cette « demeure de démons.» Mais comme le Créateur promit à Noé de ne plus envoyer de déluge pour engloutir des enfants ainsi déchus, le feu, le sang et la famine pouvaient seuls purifier *la Place du Crime*.

* * *

« Et maintenant, arbitres de l'univers, souverains de ce » monde, apprenez la sévère leçon que Dieu vous donna. »

« C'est en vain que vous veillerez à la défense de vos cités, » si Dieu ne les protége lui-même. »

La fornication et l'adultère ne sont pas plus permis à Paris qu'ailleurs. Pour qu'une ville puisse être bénie, qu'elle puisse subsister, elle doit s'élever par des moyens licites, et au lieu de légaliser le vice, le proscrire.

Toute cité qui s'élèvera d'une autre manière, sur le continent ou sur les îles de l'Océan aura prochainement le sort de Paris.

LA DÁTE 1911

ET NUMERUS EJUS SEXENTI SEXAGENTA SEX

« Hic sapientia est. Qui babet intellectum computet nume-
» rum bestiæ. Numerus enim hominis est : et numerus ejus
» sexenti sexaginta sex. » *(Apocalypsis,* Cap. XIII, v. 18).

*C'est ici la sagesse; que celui qui possède l'intelligence compte
le nombre de la bête, car son nombre est le nombre du nom d'un
homme, et ce nombre est six cent soixante-six* (666).

Le disciple bien-aimé du Sauveur avait été exilé dans l'île
de Pathmos, la plus septentrionale des Sporades, par ordre
du cruel Domitien. La grotte autour de laquelle on bâtit
le bourg Saint-Jean-de-Pathmos, chef-lieu actuel de l'île, lui
servait de demeure et de sanctuaire. Pendant une de ses
oraisons, l'Apôtre vit tout à coup le rocher de la grotte s'ouvrir, donnant passage à l'ange chargé de lui révéler l'histoire
prophétique de l'Eglise.

Depuis deux mille ans, les Pères de l'Eglise et les Docteurs
se sont inclinés devant l'Apocalypse, déposant à ses pieds
l'hommage de leur vénération. La parole du grand Evêque de
Meaux : « Il n'est pas un mot de l'Apocalypse qui ne soit un
mystère, » est d'une vérité merveilleuse, car la date 1911
est donné *par un seul mot,* par le calcul des lettres-chiffres du
nom de l'Antéchrist.

Puisque l'Evangéliste provoque l'esprit humain à chercher
les mystères que renferme ce nombre, toute personne peut,
avec une sainte défiance, tâcher d'en découvrir le sens, à
l'aide des sciences sacrées et profanes.

Mais, pour avoir l'intelligence de ce nombre mystérieux
dans lequel l'Esprit-Saint enferma l'histoire et la chronologie
de l'avenir, pour connaître l'ordre des calculs, il a fallu les
prières, les larmes et les vertus du Vénérable Serviteur de
Dieu Barthélemi Holzhauser.

Saint Jean a écrit son Apocalypse ou ses révélations en langue grecque ; or, il était d'usage (chez les Grecs comme chez les Hébreux (1) et chez d'autres peuples de l'antiquité) de donner une valeur numérique aux lettres de l'alphabet.

La valeur chiffrée du nom de l'*Antéchrist*, de l'*Homme de péché*, du *fils de perdition*, du *méchant* ou de *la bête* est donc 666 comme nous l'indique l'Ecriture.

L'exemple suffira pour saisir ces rapports des lettres et des chiffres de l'alphabet grec.

Le nom grec *Antemos* est adjectif, il est donné au *fils de perdition* par antonomase, c'est-à-dire désignant la qualité ou la manière d'être de l'Antéchrist, qui sera en effet *contraire* au Christ et à tout ce qui est le propre de Dieu (2). Ainsi donc la somme des lettres-chiffres du mot *Antemos* constitue six cent soixante-six.

En effet :

La lettre grecque	**a**	=	1
»	»	»	**n**	= 50
»	»	»	**t**	= 300
»	»	»	**e**	= 5
»	»	»	**m**	= 40
»	»	»	**o**	= 70
»	»	»	**s**	= 200

Et toutes ces lettres-chiffres additionnées ensemble font bien 666.

Voici la signification mystique de ce nombre **666.** Saint Jean l'appelle le nombre d'un homme , *numerus hominis,* parce que le nombre **6,** qui désigne le jour de la création de l'Homme , y entre de trois manières, savoir :

A l'état simple	=	6
Comme multiple de 10	=	60
Comme multiple de 100	=	600
Total :		666

1 M. l'Abbé *S.-P. Martet,* de Rome, a obtenu dans cet ordre de choses des résultats vraiment merveilleux. Déjà les œuvres de l'illustre théologien ont attiré l'attention du Clergé et des corps académiques ; elles doivent paraître prochainement en France.

2 S. Anselme ; — Le Vén. B. Holzhauser, trad. de M. le Chanoine de Wuilleret, 2me édit., T. II, p. 118 à 120.

Ce triple rapport du nombre **6** signifie la triple prévarication et la triple malédiction de Satan qui gouvernera l'Antéchrist. Satan a prévariqué et il a été maudit dans le ciel. Il a prévariqué et il a été maudit dans le serpent, au commencement du monde. Enfin il prévariquera et il sera maudit dans l'Antéchrist dont il se servira pour séduire le monde et qu'il entraînera avec lui dans l'abîme (1). »

Les trois 6 dont se compose le chiffre mystérieux indiquent par leur addition le siècle où doit naître l'Antéchrist et les deux premiers chiffres de l'année.

$$6 \text{ plus } 6 \text{ plus } 6 \text{ donnent } 18 . .$$

En outre, il y a un nombre d'années dans les 666 mois de ce chiffre. Ce nombre ajouté au nombre précédent fixe la date même où naîtra l'être maudit. Ainsi :

$$\frac{666}{12} = 55 \text{ ans } \frac{1}{2}$$

Ajoutant ces années au nombre précédent, nous avons :

$$\begin{array}{r} 18 . . \\ 55 \ \frac{1}{2} \\ \hline 1855 \ \frac{1}{2} \end{array}$$

Ce qui assigne l'année 1855 et le sixième mois (juin) pour la naissance de la bête (2).

De plus, ce même nombre 666 est un nombre de mois fixant la durée des années de l'imposteur, c'est-à-dire la durée de sa vie exécrable.

---

1 *Cornel. a Lapide ;* P. Huchédé, Professeur de Théologie au Grand Séminaire de Laval, *Histoire de l'Antéchrist*, p. 3.

2 Comme il y a encore quelques difficultés à résoudre pour préciser si cette année, comptée pour 1871, est bien la 1871me année de l'ère chrétienne, il serait à propos de vérifier toute notre chronologie afin de savoir quand il faudra se tenir en garde contre les imposteurs et les faux-miracles de l'Antéchrist.

L'*Ere Chrétienne* est donnée par le *jour de la Circoncision du Sauveur,* et ce jour qui n'a pas son égal sur la terre, puisqu'il vit à la fois et la *Loi Ecrite* (Loi donnée à Moïse) et l'œuvre de la *Loi de Grâce*, tombe sur le *Dimanche 1er janvier de l'an 5200 de la création du monde*, comme le porte le Martyrologe Romain *(et non 4000 ou 4004)*. Les sept mille ans ou les sept grands jours de l'existence de l'Eglise sont donc à leur terme

L'Antéchist vivra donc :

666 mois ou 55 ¹/₂ ans.

Ajoutons ce nombre à celui de sa naissance :

$$
\begin{array}{r}
1855 \ ^1/_2 \\
55 \ ^1/_2 \\
\hline
1911
\end{array}
$$

nous arrivons :

à l'année 1911

pour terme de sa chute ignominieuse et du second avénement de N. S. Jésus-Christ.

Le *jour* même de la venue du Souverain Juge ne saurait être prévu. S. *Ma th*. XXIV, 36 : « Mais *ce jour* et *cette heure* » personne ne le sait, pas même les anges du ciel ; mon Père » seul les connaît, » dit le Sauveur.

PROPHÉTIE

DE

S. MALACHIE O'MARGAIR

Archevêque d'Armagh (IRLANDE)

OU

NOMENCLATURE PROPHÉTIQUE

des Papes.

--- ⁕ ---

S. Malachie de la noble famille des O'Margair vit le jour, en 1094, à Armagh, capitale de l'Irlande et siége du Primat de ce royaume.

A l'illustration de la race, ses parents joignaient une grande piété; sa mère prit un soin extrême de l'élever dans la crainte du Seigneur. Aussi le noble enfant fut-il choisi par Dieu pour rendre à la cité que fonda S. Patrice, son ancienne splendeur, et à l'Eglise un don aussi utile que précieux, c'est-à-dire *la Prophétie sur la Succession des Papes.*

De bonne heure, S. Malachie quitta le monde pour se mettre sous la conduite d'un saint homme, nommé Imar, réclus près de l'Eglise d'Armagh. Une Communauté s'étant formée autour du pieux Solitaire, le jeune O'Margair s'y adonna avec zèle aux pratiques de la perfection. Ses études furent brillantes. Malgré son humilité profonde, il fut bientôt trouvé digne de recevoir les Ordres Sacrés. A vingt-cinq ans, S. Malachie était Prêtre, bien qu'à cette époque il fallut en avoir trente pour mériter cet insigne honneur.

L'Archevêque d'Armagh chargea le jeune Lévite de travailler à l'extirpation des abus qui défiguraient l'Eglise en Irlande. Dieu bénissant les soins de son nouvel Apôtre, les vices furent corrigés, les coutumes barbares détruites, les superstitions bannies, et l'on vit de toutes parts fleurir les vertus de l'Evangile.

Ainsi, Saint Malachie devint successivement Abbé de Bengor, Evêque de Cannor et Archevêque d'Armagh (1127).

Sous la *Loi Ecrite,* le Seigneur, annonçant la cessation des sacrifices figuratifs, avait dit, par le Prophète Malachie : « *Car* » *depuis le lever du soleil jusqu'à son coucher, mon nom est* » *grand parmi les nations, et l'on sacrifie, et l'on offre en tout* » *lieu, une oblation pure à mon nom* (1). »

Chose admirable : sous la *Loi de Grâce,* le Seigneur donna pour mission à un nouveau *Malachie* d'annoncer à la terre quelle serait la suite des Pontifes, *Vicaires de Celui que le Sacerdoce offre en tous lieux, à toute heure, depuis le lever du soleil jusqu'à son coucher.*

* * *

De toutes les œuvres de Saint Malachie, la *Prophétie sur la succession des Papes* est donc la plus célèbre, ou plutôt, dans les œuvres que la Toute-Puissance de Dieu fit par le moyen de son nouveau Prophète, il n'en est point de plus grande.

« Cette prophétie fut imprimée pour la première fois en » 1595 par Arnould Wion, Religieux du Mont-Cassin, dans » son *Lignum Vitœ,* ouvrage auquel Mabillon n'a pas dédai- » gné d'emprunter de nombreux documents historiques. Vers » la même époque, Alphonse Ciaconius, auteur d'un livre » important sur les *Gestes des Pontifes et des Cardinaux* » *Romains,* s'attacha surtout à expliquer les Prédictions » du Saint Archevêque d'Armagh, mais les travaux que » nous venons de signaler n'étaient rien en comparaison du » grand ouvrage de Jean Germano, qui parut à Naples l'an » 1670, en deux volumes in-4°, sous le titre de : *Vita, Gesti* » *e Predizioni del Padre San Malachia.* Depuis cette époque, » la Prophétie de Saint Malachie a été l'objet de la critique » des uns et des autres; on la trouve successivement consi- » gnée dans une bonne *Histoire des Papes,* imprimée à Lyon

(1) Malachie I, v. 11. Le sens de ces paroles est absolu, littéral ; on peut s'en convaincre en jetant un coup-d'œil sur une ravissante image de piété intitulée : *L'Horloge Eucharistique, Itinéraire quotidien du Sauveur immolé.*

» en 1688, — dans le *Dictionnaire de Moreri*, — dans les
» *Eléments d'histoire* de l'Abbé de Vallemont (1702), — et
» citée méthodiquement dans l'*Histoire de la Papauté*, de
» M. Henrion (Paris, 1832).

» Les objections soulevées par la critique contre la Pro-
» phétie du Saint Irlandais peuvent se réduire à celles-ci :
» On fait d'abord observer que Saint Bernard, ami de l'Ar-
» chevêque d'Armagh, n'a point parlé de ce document pro-
» phétique dans la *Vie* qu'il a faite du pieux Prélat, et l'on
» en conclut que Saint Malachie n'en est point l'auteur. —
» Cet argument ne prouve qu'une chose : c'est que l'illustre
» Abbé de Clairvaux a ignoré l'existence de la Prophétie en
» question. Ce n'est pas la première fois qu'un auteur ne con-
» naît pas tout ce qui est relatif à ceux dont il retrace la
» vie..... Nous possédons une foule de monographies contem-
» poraines, écrites avec conscience, avec détail, avec critique ;
» ce qui n'empêche pas de découvrir plusieurs siècles même
» après la rédaction de ces monographies des faits authen-
» tiques qui ne s'y trouvent pas et qui devraient s'y trouver·

» Ceci nous conduit naturellement à la seconde objection.

» On dit : Si Saint Malachie eût été réellement l'auteur de
» la Prédiction sur les Papes, on n'aurait pas attendu près de
» quatre cents ans pour la publier. — Cette objection n'en
» est pas une. Malgré l'inépuisable fécondité de l'imprimerie
» la poussière des bibliothèques dérobe encore à nos regards
» une multitude de manuscrits près-anciens et très-précieux·
» qui peut-être ne verront jamais le jour. Mais supposons
» que la publicité vienne tirer ces richesses littéraires du
» profond oubli qui les entoure, la critique sera-t-elle alors
» en droit de les renier, par cela seul qu'elles ont traversé
» des siècles dans l'humiliation de l'oubli? Nous ne le ten-
» sons pas. Et n'avons-nous pas vu, au contraire, l'érudition
» tressaillir d'une joie légitime, lorsque, de nos jours, on a
» découvert des fragments d'auteurs classiques, qui, après
» dix-huit siècles, sortaient enfin de l'ombre qui les envelop-
» pait depuis si longtemps?

» Ainsi s'explique le silence que l'on a gardé pendant
» quatre cents ans sur la Prophétie de Saint Malachie. Arnould
» Wion n'a fait que mettre en lumière un document historico-

» religieux dont il avait connaissance, comme on publierait
» aujourd'hui un manuscrit ancien qu'un savant aurait dé-
» couvert.....

» Il est vrai qu'on accuse le Religieux du Mont-Cassin
» d'avoir manqué de critique, sans cela (et c'est la troisième
» objection) il se serait aperçu, disent les critiques, que la
» Prophétie du Saint était....l'œuvre d'un faussaire.....(!!) (1) »

Mais arrêtons-nous. Il n'est pas besoin de suivre l'auteur
auquel nous avons emprunté ces lignes dans sa réfutation.

C'est inutile de répondre, car, avant tout, une objection
doit être sensée. Or, ce n'est pas le cas. Comment peut-on
voir l'*œuvre d'un faussaire* dans une Prophétie dont chaque
mot s'est vérifiée *depuis sa publication en* 1595 jusqu'en cette
année 1871. Depuis quand les faussaires ont-ils le don de
prophétiser ?

C'est ce que Messieurs les impies des temps anciens et
modernes n'ont pas encore su nous dire.

Aurait-on jamais pu, en 1595, *fabriquer* (!) une nomenclature correspondant si parfaitement *dans le nombre, dans
l'ordre et dans le symbolisme*, à la suite des Souverains-Pontifes.

L'Esprit-Saint lui seul, auteur de tout don parfait, a pu
révéler ces choses à S. Malachie, les lui dicter, lui ordonner
de les transcrire pour le bien de la Sainte-Eglise. Oui, l'Esprit-Saint a pu seul, des siècles à l'avance, nommer nos
Papes, désigner leurs familles, indiquer leur pays d'origine,
leur condition, préciser les Evêchés qu'ils occupèrent, le titre
de leur Cardinalat, l'Ordre qui eut la gloire de les donner à
la Chaire de Saint-Pierre.

Prétendre le contraire est absurde.

* * *

La Prophétie de S. Malachie est donc une œuvre inspirée,
admirable, un abrégé divin de l'histoire de l'Eglise dans ce
qu'elle a de plus noble : *Ses Pontifes*........ comme aussi la
Prophétie d'Orval est le sommaire prophétique de l'histoire
de France dans ce qu'elle a de plus précieux après l'Eglise :
Sa Dynastie

(1) *Nouvelle Revue de Bruxelles*, 1844, p. 583 ; 1848, p. 575. — Henry
D. Langdon, l'*Avenir*, p. 74 de la 7me édition.

Pendant que l'Apocalypse de S. Jean fut donnée aux Docteurs, il fallait au peuple un moyen de se reconnaître dans le fracas des guerres et les tourmentes de l'hérésie. Par ces deux Prophéties, chacun pourra saisir les mystérieux rapports qui unissent la France à l'Eglise, la fille ainée à la Mère, le nouveau Peuple d'Israël et la nouvelle Tribu de Juda à à la Sainte Eglise Romaine.

* * *

Depuis des siècles la Prophétie de l'Archevêque d'Armagh s'est vérifiée *à l'élection de chaque Souverain-Pontife*. Sans oser affirmer qu'il en sera de même pour l'avenir, qu'il n'y a, dans le texte à accomplir tel que nous le publions, ni omission, ni interpolation, il convient cependant d'honorer cette Prophétie, de l'avoir en grande estime, car les temps s'avancent. Il faut surprendre l'ennemi (l'Antéchrist) et ne point se laisser devancer par lui. Puis, pour répondre à l'appel de l'Epoux, les Vierges sages doivent porter d'une main la lampe et de l'autre l'huile qui entretient la lumière.

* * *

Quelques personnes sollicitant qu'on publie en entier la célèbre Prophétie, il a été répondu à leurs désirs malgré le sacrifice et le travail.

Ainsi, dans une première partie vient la nomenclature des Papes qui ont gouverné l'Eglise Universelle depuis les temps contemporains de S. Malachie jusqu'au magnanime Pie IX glorieusement régnant. La seconde partie donne les Pontifes qui doivent succéder à ce grand Pape et gouverner l'Eglise Universelle dans la suite des temps.

La Prophétie commence, sans préambule, par les mots « *ex castro Tiberis* » relatifs au Pape Célestin II, 165ᵐᵉ successeur de S. Pierre, d'après l'*Annuaire Pontifical*. (1)

165. EX CASTRO TIBERIS.

Du Château du Tibre. — **Célestin II**, 1143 à 1144 (Guy de Castello ou du Chastel) né à *Citta di Castello, sur le Tibre.*

(1) *Annuario Pontificio ;* trad. franç. du Chevalier Et. Repos.

166. INIMICUS EXPULSUS.

L'Ennemi Chassé. — **Lucius II**, 1144 à 1145 (Gérard Caccianemici del l'Orso) né à Bologne. A son exaltation, ce Pontife trouva l'ordre rétabli dans Rome qu'avait troublé *l'hérésiarque Arnaud de Brescia.*

167. EX MAGNITUDINE MONTIS.

D'un Mont Élevé. — **Eugène III**, 1145 à 1153; (Bernard Paganelli), Moine de Clairvaux, né au château de Grand-Mont *(Montemagno)* près de Pise.

168. ABBAS SUBURRANUS.

L'Abbé de Suburre. — **Anastase IV**, 1153 à 1154 (Conrad *de Suburri*) *Abbé,* né à Rome.

169. DE RURE ALBO.

Du Champ d'Albe. — **Adrien IV**, 1154 à 1159; (Nicolas Breakpeare), natif de Saint-Alban en Angleterre. Ce Pontife avait été successivement Abbé des Chanoines-Réguliers de Saint-Ruf, près d'Avignon (Religieux dont le costume était *blanc*) et Cardinal-Evêque d'*Albe.*

EX TETRO CARCERE.

D'une Noire Prison. — L'Antipape *Victor,* Cardinal du titre de Saint Nicolas *in carcere Tulliano.*

VIA TRANSTIBERINA.

De la Voie au-delà du Tibre. — L'Antipape *Pascal,* Cardinal de Sainte Marie *au-delà du Tibre.*

DE PANNONIA TUSCIÆ.

De la Pannonie et de la Tuscie. — L'Antipape *Calixte,* originaire *de la Pannonie,* Cardinal-Evêque de Frascati *(Tusculum).*

170. EX ANSERE CUSTODE.

De l'Oie qui est en garde. — **Alexandre III**, 1159 à 1181 (Roland, surnommé *Paparo*) né à Sienne. En italien *paparo* signifie *oie*. En triomphant des trois antipapes Victor, Pascal et Calixte, le Pape Alexandre III fut bien *le gardien de l'Eglise* contre les prétentions du laïcisme impérial.

171. LUX IN OSTIO.

La Lumière d'Ostie. — **Lucius III**, 1181 à 1185 (Ubalde Allucingoli) né à Lucques, *Evêque d'Ostie* avant son exaltation au trône pontifical.

172. SUS IN SCRIBRO.

Le Sanglier dans le Crible. — **Urbain III**, 1185 à 1187; (Hubert Crivelli) né à Milan dont il était Archevêque lorsqu'il fut élu. Le blason de ce Pontife portait *un sanglier dans un crible*.

173. ENSIS LAURENTII.

L'Epée de S. Laurent. — **Grégoire VIII**, 1187 (Albert del Morra) né à Bénévent. Lorsqu'il fut acclamé par le Sacré-Collége, ce Pontife était *Cardinal du titre de Saint-Laurent;* dans ses armes on voit *deux épées en sautoir.*

174. EX SCHOLA EXIET.

Il sortira de l'Ecole. — **Clément III**, 1187 à 1191 ; né à Rome, Evêque de Préneste au moment de son élection, appartenait à la famille des *Scolari.*

175. DE RURE BOVENSI.

Du Champ de Bovis. — **Célestin III**, 1191 à 1198 (Hyacinthe *Bovis*) né à Rome.

176. COMES SIGNATUS.

Le Comte Signé. — Innocent III, 1198 à 1216 (Lothaire,
Comte de Segni et Marsi) né à Anagni. Ce
Pape avait pour devise les paroles du Prophète : « Seigneur, faites paraître quelque *signe*
» de votre bonté envers moi. »

177. CANONICUS EX LATERE.

Le Chanoine de Latran. — Honorius III, 1216 à 1227
(Cencio Savelli) né à Rome où, avant d'occu-
per la Chaire du Prince des Apôtres, il fut
effectivement *Chanoine de Saint-Jean-de-La-
tran.*

178. AVIS OSTIENSIS.

L'Aigle d'Ostie. — Grégoire IX, 1227 à 1241 (Hugolin,
Comte de Segni et Marsi, neveu d'Innocent III)
né à Anagni. Ce grand Pape était *Cardinal-
Evêque d'Ostie* lorsqu'il apprit son élection ;
dans son blason figure un *Aigle.*

179. LEO SABINUS.

Le Lion Sabin. — Célestin IV, 1241 (Geoffroy de Castiglione) né à Milan. Cardinal-Evêque de *Sainte-
Sabine.* Ses armes portaient *un lion.*

180. COMES LAURENTINUS.

Le Comte de Saint-Laurent. — Innocent IV, 1243 à
1254 *(le Comte Laurent* Sinibalde de Fiesque*)*
né à Gênes. Cardinal *du titre de Saint-Lau-
rent-in-Lucina* lorsqu'il fut appelé à gouverner l'Eglise.

181. SIGNUM OSTIENSE.

Le Signe d'Ostie. — Alexandre IV, 1254 à 1261 (Rai-
nald de *Segni* et Marsi, neveu de Grégoire IX)
né à Anagni. L'allusion se rapporte à la fois
au nom de famille et à l'évêché *(d'Ostie)*
qu'occupait le pieux Pontife avant son élection.

182. JÉRUSALEM CAMPANIÆ.

De la Champagne et de Jérusalem. — **Urbain IV,**
1261 à 1264 (Jacques Pantaléon) *né à Troyes en Cham-*
pagne et *Patriarche de Jérusalem* lorsqu'il
parvint au Saint-Siége. Les mots « *Troyæ in*
Gallia natus » qu'on lit sur d'anciennes copies
semblent être moins une variante que la note
d'un commentateur expliquant le symbolisme.

183. DRACO DEPRESSUS.

Le Dragon écrasé. — Clément IV, 1265 à 1269 (Guy
de Foulques) né à Saint-Gilles en Languedoc.
Cet illustre Pontife, qui fut secrétaire du Roi
S. Louis, Evêque du Puy, Archevêque de
Narbonne, Cardinal-Evêque de Sabine et Lé-
gat en Angleterre, portait pour armes : *un ai-*
gle écrasant un dragon entre ses serres.

184. ANGUINEUS VIR.

L'Homme du Serpent. — Le Bienheureux Grégoire X,
1271 à 1276 (Thibaud Visconti) né à Plaisance,
d'abord Archidiacre de Liége. Après avoir
tenu un Concile à Lyon (1274), ce saint Pape
consacra la Cathédrale de Lausanne en présence de l'empereur Rodolphe de Habsbourg
(19 octobre 1275). Les armes de sa famille
portent un *serpent* ou *guivre.*

185. CONCINIATOR GALLUS.

Le Prédicateur Français. — Innocent V, 1276 (Pierre
de Tarentaise) né en Savoie. Il appartenait à
l'Ordre de S. Dominique ou *des Frères Pré-*
cheurs et succéda à S. Thomas d'Aquin dans
la chaire de Théologie à l'Université de Paris.
Le Français était la langue maternelle de ce
Pontife.

186. BONUS COMES.

Le bon Comte. — Adrien V, 1276 (*Ottobon,* de la maison *des Comtes de Lavagne*), neveu d'Innocent IV, naquit à Gênes. Se distingua *par la*
bonté de son caractère.

187. PISCATOR TUSCUS.

Le Pêcheur (de Frascati) *en Tuscie.* — Jean **XXI** (*),
1276 à 1277 (Pierre-Julien) né à Lisbonne où
il se distingua comme médecin et comme phi-
losophe. Le nom de baptême de ce Pontife
était donc *Pierre, le Pêcheur* par excellence.
Au moment de son exaltation, il était Evêque
de Frascati, l'antique *Tusculum.*

188. ROSA COMPOSITA.

La Rose Composée. — Nicolas III, 1277 à 1280 (Jean
Gaëtan-des-Ursins) né à Rome. Ce Pape ne
s'appelait pas, mais fut surnommé *Composi-
tus,* à cause de son habileté en politique. Il
avait *une rose* dans ses armes.

189. EX TELONIO LILIACEI MARTINI.

Du Royaume des Lys et de la Banque de Saint-Martin.
— Martin **IV,** 1281 à 1285 *(Simon* de Montpincé), né
au pays de Brie dans le royaume de France.
Il avait été *Trésorier* de Saint-Martin de Tours.

190. EX ROSA LEONINA.

De la Rose et du Lion. — Honorius **IV,** 1285 à 1287
(Jacques Savelli) né à Rome. On voit dans
son blason *un lion portant une rose.*

191. PICUS INTER ESCAS.

Le Pivert ou le Pic entre les Mets. — Nicolas **IV,** 1288
à 1292 (Jérome Masci) né à Ascoli *(Asculum
Picenum)* dans la Marche d'Ancône. Jusqu'à
ce jour, l'interprétation de cette prophétie lais-
sait à désirer. Grâce à la *Nouvelle Revue de
Belgique,* il est maintenant facile de voir sa

(*) Généralement, on ne compte plus dans la liste des Papes,
ni le successeur de Boniface VII, parce qu'il mourut avant
d'avoir pris possession de son siége, ni le prélat qui disputa
la tiare à Grégoire V. Toutefois, comme ces deux personnages
portèrent le nom de Jean, le successeur d'Adrien V. Jean
le-Pêcheur-de-Tuscie peut porter pour quantième : XIX, XX
ou XXI, suivant les diverses nomenclatures des Souverains-
Pontifes.

triple allusion symbolique. 1° Ainsi que le rapportent les anciens auteurs, en s'établissant à *Asculum,* les Sabins prirent le nom de *Pisceni* d'un *Pivert* (PICUS) qui se pencha sur leur enseigne : delà le nom d'*Asculum Picenum.* — 2° Le Pape Nicolas IV. était donc *Piscentin,* ou habitant d'*Asculum Piscenum.* — 3° Au moment de son élection, ce Pontife était Général des *Frères Mineurs* et fut promu *malgré lui* à la Papauté.

Picus rappelle donc le lieu d'origine du successeur d'Honorius IV. *Inter Escas* révèle l'embarrs d'un fils de S. François sur le trône *Pontifical,* embarras qu'on peut comparer à celui d'un Pivert devant des aliments préparés, ou à celui de la cigogne du fabuliste. (*)

192. EX EREMO CELSUS.

Tiré du Désert. — S. Célestin V, 1294 (Pierre Angeleri de Mourron) de l'Ordre des Bénédictions, né à Isernia, dans le royaume de Naples. Le Saint était sur le mont Magelle (Abruzze), vivant dans une cellule, *retiré du monde,* lorsque le Sacré-Collége lui fit annoncer son élection; mais, après 5 mois et quelques jours de pontificat, S. Célestin abdiqua *pour retourner à la vie de contemplation.*

193. EX UNDARUM BENEDICTIONE.

De la Bénédiction des Ondes. — Boniface VIII, 1294 à 1303 (Benoit Gaëtani) né à Anagni, dans les

---

(*) De même que le pic cherche les insectes dont il se nourrit, dessous l'écorce des arbres, pareillement les Religieux du Séraphique Patriarche doivent conquérir leur nourriture de chaque jour au nom de Jésus-Christ, en frappant à la porte des cœurs endurcis et des âmes généreuses.

S. François d'Assise nous a montré comment cette nourriture obtenue par la mendicité, cette fille bien aimée de la pauvreté évangélique, lui était chère. C'est ainsi que le Saint put offrir. un jour, aux convives du Cardinal Hugolin, Protecteur de l'Ordre, des morceaux de pain quêtés en se rendant à son invitation, et qui, donnés pour l'amour de Jésus-Christ, prenaient une valeur inestimable.

Etats de l'Eglise. Sur le blason de l'illustre Pontife qui fulmina les bulles : *Clericis laicos* et *Ausculta, fili*, figure des *fasces ondées*. Le nom de *Benoît* vient de *benedictus*, béni.

194. CONCINIATOR PATARŒUS.

Le Prédicateur de Patare. — **Le Bienheureux Benoît XI** (*), 1303 à 1304; *(F. Nicolas* Boccassini*)* né à Trévise, d'une famille de bergers. Devint successivement maître d'école, Religieux de S. Dominique *(des Frères Prêcheurs)*, Général de son Ordre et Pontife. ප. *Nicolas* était donc le Patron du Bienheureux, et l'on sait que ce Saint avait vu le jour à *Patare*, ville de Lycie.

195. DE FASCIIS AQUITANICIS.

Des Fasces d'Aquitanie. — **Clément V**, 1305 à 1314 (Bertrand de Goth), né à Villandraud, dans la Guienne *(Aquitanie)* et Archevêque de Bordeaux au moment de son élection. Dans les armes de ce Pape figuraient *trois fasces de gueules en champ d'or.* (Sous son Pontificat la résidence des Papes fut transférée à Avignon.)

196. DE SUTORE OSSEO.

Du Cordonnier d'Osse. — **Jean XXII**, 1316 à 1334 (Jacques *d'Ossa*) né à Cahors et fils *d'un* pauvre *cordonnier.* Ce grand Pontife est connu dans les lettres aussi bien que dans les sciences. Il ajouta à la tiare pontificale la 3me couronne, symbole du suprême pouvoir dans l'*Ordre Militaire* (comme les deux premières symbolisent l'omnipotence dans l'*Ordre Civil* et dans l'*Ordre Religieux*).

(*) Il en est des Papes du nom de *Benoît* comme des Papes du nom de Jean : Nicolas II eut un rival qui prit le nom de Benoît X, et qui, à une certaine époque, a été compté au nombre des Souverains-Pontifes. — Note de l'*Annuaire Pontifical.*

CORVUS SCHISMATICUS.

Le Corbeau Schismatique. — L'Antipape *Pierre de Corberia, Schismatique,* que Louis de Bavière prétendait opposer au Pape Jean XXII.

197. FRIGIDUS ABBAS.

L'Abbé de Montfroid. — **Benoît XII,** 1334 à 1342 (Jacques de Novelles dit *Fournier*), fils d'un boulanger de Saverdun, au Comté de Foix. Il avait été *Abbé de Montfroid* ou *Froidmont,* dans le diocèse de Beauvais.

198. EX ROSA ATREBATENSI.

De la Rose d'Arras. — **Clément VI,** 1342 à 1352 (Pierre Royer) Religieux Bénédictin, né à Maumont, près Limoges. Ce Pape, bien connu pour avoir acheté la propriété d'Avignon de Jeanne, Reine de Sicile et Comtesse de Provence, avait été Evêque d'Arras *(Atrebates).* Il portait *des roses* dans ses armes.

199. DE MONTIBUS PAMMACHII.

Des Montagnes de S.-Pammaque. — **Innocent VI,** 1352 à 1362 (Etienne d'Albert) né dans le Limousin, fondateur du Collége S.-Martial, à Toulouse. On remarque *six montagnes* dans les armoiries d'Innocent VI, qui avait été Cardinal du titre de *Saint-Pammaque.*

200. GALLUS VICE-COMES.

Le Français Vicomte. — **Urbain V,** 1362 à 1370 (Guillaume de Grimoard) d'une famille noble du Gévaudan. Avant son élection, Urbain V avait été nommé *Nonce* près des *Visconti* de Milan. Il était donc *Français* d'origine.

201. NOVUS DE VIRGINE FORTIS.

Le Nouveau, fort par une Vierge. — **Grégoire XI,** 1370 à 1378 (Pierre Roger de Beaufort, neveu de Clément V) né à Maumont, près Limoges. On peut dire que ce Pape fut *nouveau* pour les Romains, ayant transféré le Siége Apostolique d'Avignon à Rome, sur la persuasion de *Sainte -Catherine* la Séraphique vierge de Sienne.

DE CRUCE APOSTOLICA.

De la Croix Apostolique. — L'Antipape *Clément* (Robert de Genéve), Cardinal-Prètre du titre des *Douze Apôtres;* il avait une *croix* dans ses armes.

LUNA COSMEDINA.

La Lune en Cosmédin. — L'Antipape *Benoît* (Pierre *de Lune),* Cardinal du titre de Sainte-Marie-en-Cosmédin.

SCHISMA BARCINONICUM.

Le Schisme de Barcélone. — L'Antipape *Gilles* (Gilles Munoz), Chanoine de *Barcélone,* élu par *deux Cardinaux schismatiques* qui avaient suivi Pierre de Lune. Il fit sa soumission au Souverain-Pontife à la sollicitation du Roi Alphonse V d'Arragon.

202. DE INFERNO PREGNANI.

De l'Enfer et de Prignano. — **Urbain VI,** 1378 à 1389 (Barthélemi *de Prignano).* Ce Pape, qui était Archevèque de Bari au moment de son élection, naquit près de Naples, dans un village nommé l'*Enfer.*

203. CUBUS DE MIXTIONE.

Un Cube de Mélange. — **Boniface IX,** 1389 à 1404 (Pierre Tomacelli). Les armoiries de Tomacelli sont *des cubes.*

204. DE MILIORE SIDERE.

De l'Etoile des Meliorati. — **Innocent VII,** 1404 à 1406 (Cosme de *Meliorati),* né à Sulmone, au royaume de Naples; ce Pontife porte *une étoile* dans ses armes.

205. NAUTA DE PONTE-NIGRO.

Le Pilote de Négrepont. — **Grégoire XII**, 1406 à 1409
(Angelo Corrario), né à Venise d'une des premières familles. Avant de gouverner la barque de Saint-Pierre, Grégoire XII avait été
Evêque de Venise et Commandeur de l'église
de *Négrepont.*

206. FLAGELLUM SOLIS.

Le Fouet du Soleil. — **Alexandre V**, 1409 à 1410
(Pierre Filargo), né dans l'île de Candie, en
Grèce. De pauvre mendiant, il devint Cordelier, Docteur de Sorbonne, Evêque de Novare
et Archevêque de l'église de Milan où S. Am-
broise est peint tenant *un fouet* à la main. On
voit dans son blason un *soleil levant.*

207. CERVUS SIRENÆ.

Le Cerf de la Sirène. — **Jean XXIII**, 1410 à 1417
(Balthazar Cossa), Cardinal du titre de Saint-
Eustache, qu'on peint avec *un cerf,* et né à
Naples dont les anciennes armes sont *une
sirène.*

208. COLUMNA VELI AUREI.

La Colonne au Voile d'Or. — **Martin V**, 1417 à 1437
(naquit à Rome, de l'ancienne et illustre famille des *Colonna*). Ce grand Pape, qui ana-
thèmatisa les partisans de Jean Huss, était,
au moment de son exaltation, Cardinal du
titre de *Saint-Georges-au-Voile-d'Or.*

209. LUPA CŒLESTINA.

La Louve Célestine. — **Eugène IV**, 1431 à 1447 (Ga-
briel Condulmero, neveu de Grégoire XII),
vénitien de naissance. Avant d'arriverau
Souverain-Pontificat et de s'y illustrer par sa
fermeté contre les Conciles schismatiques de
Bâle et de Lausanne, Eugène IV fut Religieux
Célestin et Evêque de Sienne qui porte *une
louve* dans son blason.

AMATOR CRUCIS.

L'Amant de la Croix. — L'Antipape *Félix* (Amédée VIII,
ou suivant le style du temps *Amé, Aimé,* Duc
de Savoie et Baron de Vaud). Les Evêques
réunis à Bâle prétendirent décerner à ce prince
la tiare pontificale, mais *le Salomon de son
siècle* y renonça solennellement dans la Cathédrale de Lausanne. Son blason était de gueules à la *croix* blanche.

210. DE MODICITATE LUNÆ.

De la Petitesse de la Lune. — Nicolas V, 1447 à 1455
(Thomas Parunticelli), né dans le diocèse de
Lunes; la famille de ce grand Pontife, auquel
Rome doit plusieurs édifices magnifiques,
était peu considérable et vraiment *de petite
condition.*

211. BOS PASCENS.

Un Bœuf Paissant. — Callixte III, 1455 à 1458 (Alphonse de Borgia), né à Xativa, près de Valence. Ce Pape est bien connu pour avoir fait
réviser le procès de Jeanne d'Arc et réhabilité
la mémoire de l'illustre vierge française. Pour
blason il portait *un bœuf paissant.*

212. DE CAPRA ET ALBERGA.

De la Chèvre et de l'Alberge. — Pie II, 1458 à 1464
(Eneas Silvius Piccolomini), né à Sienne en
Toscane. Eneas Silvius fut à la fois théologien,
orateur, diplomate, canoniste, historien, géo-
graphe et poète. Les noms « Capra » et « Al-
berga » se rapportent aux Cardinaux *de Ca-
pranico* et *d'Albergati* dont Pie II avait été le
secrétaire avant son exaltation.

213. DE CERVO ET LEONE.

Du Cerf et du Lion. — Paul II, le restaurateur des
anciens monuments de Rome, 1464 à 1471
(Pierre Barbo), né à Venise et neveu du Pape
Eugène IV. L'allusion concerne les premiers

titres du Pontife; il fut Evêque de *Cervie* et
Cardinal du titre de Saint-Marc, qui a pour
symbole *un lion.* Paul II avait également *un
lion* dans ses armes.

214. PISCATOR MINORITA.

Le Cordelier Pêcheur. — **Sixte IV,** 1471 à 1484 (François de la Rovère), fils d'un *pêcheur* de Celles
(près de Savone) en Ligurie. Ce Pontife, célèbre par sa bulle en faveur de la fête de l'Immaculée Conception de la Vierge, avait été
Cordelier et Général des Frères Mineurs.

215. PRÆCURSOR SICILIÆ.

Le Précurseur de Sicile. — **Innocent VIII,** 1484 à
1492 (Jean-Baptiste Cibo), noble Gènois, d'o-
rigine grecque. *Comme le Précurseur* du Sauveur, Innocent VIII portait les pieux noms de
Jean-Baptiste; avant de gouverner l'Eglise de
Jésus-Christ, il avait été longtemps à la cour
des Rois *Alphonse et Ferdinand de Sicile.*

216. BOS ALBANUS IN PORTU.

Le Bœuf d'Albe au Port. — **Alexandre VI,** 1492 à 1503
(Rodrigue de Borgia), né à Xativa, en Espa-
gne. Dans son symbole, la Prophétie fait allusion aux armes du Pontife *(un bœuf)* et à ses
titres (il avait été Cardinal-Evêque d'*Albe* et
de *Porto*).

217. DE PARVO HOMINE.

Du Petit Homme. — **Pie III,** 1503 (François Todes-
chini *Picolomini*), neveu du Pape Pie II, né à
Sienne dont il devint Cardinal. La traduction
du nom de famille donne : *Petit Homme;* le
Pontificat de Pie III fut *très-court* (26 jours).

218. FRUCTUS JOVIS JUVABIT.

Le Fruit de Jupiter lui portera bonheur. — **Jules II,**
1503 à 1513 (Julien de la Rovère, neveu du
Pape Sixte IV), né à Abizal, près de Savone,

Prince-Evêque de Lausanne et de plusieurs
autres Diocèses, Cardinal du titre de Saint-
Pierre-Es-Liens. Dans son blason on voit *un
chêne* (arbre consacré à Jupiter) qui se déta-
che sur un fond d'azur et porte *des glands
d'or* (*). Inacessible aux faiblesses du népo-
tisme, l'illustre Pontife laissa au Trésor Pontifical sa grande fortune ; il réunit Parme, Plaisance et Reggio aux Etats de l'Eglise, proté-
gea les artistes et commença la construction
de la Basilique Saint-Pierre.

219. DE CRATICULA POLITIANA.

Du Gril de Politien. — **Léon X,** 1513 à 1521 (Jean de
Médicis), né à Florence, fils de *Laurent de
Medicis* (on sait que l'instrument de martyre
de S. Laurent est *un gril*) et disciple d'*Ange
Politien.* Sous son Pontificat fleurirent Bra-
mante, Michel-Ange, Raphaël, le Caravage,
Jules Romain, Guichardin, l'Arioste, etc.,
aussi a-t-on appelé de son nom le siècle où il
régna. Ce Pape est également le fondateur de
la *Bibliothèque Laurentienne,* à Rome.

220. LEO FLORENTIUS.

Le Lion de Florent. — **Adrien VI,** 1522 à 1523 (Adrien
Florent Boyers), fils d'un tapissier, né à
Utrecht, en Hollande, Docteur en théologie à
l'Université de Louvain, puis Précepteur de
Charles-Quint, Evêque de Tortose et Vice-Roi
d'Espagne. Adrien VI portait dans ses armes
le lion auquel fait allusion le symbole.

221. FLOS PILÆ.

La Fleur de la Boule. — **Clément VII,** 1523 à 1534
(Jules de Médicis, cousin du Pape Léon X),
né à Florence. Clément VII, célèbre par la
Ligue Sainte qu'il fit avec François Ier et d'au-

(*) C'est-à-dire d'*azur au chêne arraché d'or, les branches
en relacées en sautoir, glanté d'or.* V. DE **MANDROT,** Armo-
riaux des Cantons de Vaud et de Genève.

tres Princes contre l'Empereur Charles-Quint,
avait dans ses armes un *tourteau* ou *boule*
chargé d'*une fleur* (de lys).

222. HYACINTHUS MEDICO.

L'Hyacinthe au Médecin. — **Paul III,** 1534 à 1549
(Alexandre Farnèse), romain d'Origine, Cardinal du titre de Saint-Côme et de Saint-
Damien, *Médecin.* Paul III ouvrit le Concile
de Trente, approuva la Compagnie de Jésus
(l'Ordre illustre des Jésuites) et portait dans
son blason *six fleurs de hyacinthe.*

223. DE CORONA MONTANA.

De la Couronne du Mont. — **Jules III,** 1550 à 1555
(Jean-Marie du Mont), né à *Monte-San-Savino,*
dans les Etats de l'Eglise. Sur ses armes, ce
valeureux Pontife avait *un mont couronné de
laurier.*

224. FRUMENTUM FLACCIDUM.

Le Froment Flétri. — **Marcel II,** 1555 (Marcel Cervin),
natif de Monte-Pulciano, dans le Royaume
Pontifical. Le blason de ce Pape porte *des
épis de Froment;* il furent bientôt *flétris,* car
son Pontificat ne dura pas un mois.

225. DE FIDE PETRI.

De la Foi de Pierre. — **Paul IV,** 1555 à 1559 (Jean-
Pierre *Caraffa*), *napolitain* de naissance.
L'allusion est double. Le nom du Pontife, en
italien, veut dire *foi chère « carra fede; »* or,
Paul IV fut le Docteur infaillible de la foi que
le prince des Apôtres avait apportée à Rome
(en passant de Jérusalem *par Naples);* (*)

_____

(*) L'an 42 de J.-C., étant accompagné de Clément, fils de
Faustus, de l'Evangéliste S. Marc, de S. Martial, de S. Appol-
linaire et de quelques autres disciples. — V. REVUE DE LA
SUISSE CATHOLIQUE. *Introduction du Christianisme dans
les Gaules, et plus particulièrement dans la Suisse Occiden-
tale*, T. II, n° 5, mars 1871, pages 260 à 262.

de plus, en instituant « *la Congrégation de l'Index,* » ce Pontife fut le défenseur de la parole et de la foi contre les attaques de la révolution politico-religieuse du XVIme siècle.

226. ÆSCULAPII PHARMACUM.

La Médecine d'Esculape. — **Pie IV,** 1559 à 1565 (Jean-Ange *Médici, Medicini, Médichin),* né à Milan. Cette Prophétie a trait *au nom de famille* du Pontife et aux *premières études en médecine* qu'il fit à Bologne.

227. ANGELUS NEMOROSUS.

L'Ange des Bois. — **S. Pie V,** 1566 à 1572 *(Michel Ghisleri),* né dans le petit village de *Boschi* (mot qui signifie bois). Ce saint Pape était Prieur de l'Ordre de S. Dominique lorsqu'il fut appelé sur la Chaire de S. Pierre, et il avait pour patron l'*Archange S. Michel.* Il y a plus encore : en le consacrant, l'Eglise a proclamé quelle fut sa vie angélique.

228. MEDIUM CORPUS PILARUM.

La Moitié du Corps des Boules. — **Grégoire XIII,** l'auteur du *Calendrier Grégorien,* 1572 à 1585 (Hugues Buoncompagni), né à Bologne où il professa la jurisprudence avec distinction. Grégoire XIII portait *la moitié* d'un dragon dans ses armes et avait été créé Cardinal par Pie IV, qui a dans son blason *six tourteaux* ou *boules.* Ainsi, *le corps des boules,* c'est Pie IV ; comme Cardinal, Grégoire XIII en fut tellement *la moitié,* ou le bras droit, que le Sacré Collége l'éleva sur la Chaire apostolique à l'unanimité.

229. AXIS IN MEDIETATI SIGNI.

L'Axe dans le Milieu du Signe. **Sixte Quint,** ou **Sixte V,** 1585 à 1590 (Félix Peretti), né à Grottamare, dans la Marche d'Ancône. Successivement Cordelier, Vicaire-Général de son Ordre, Evêque de Santa-Agata-de-Goti, Cardinal et Archevêque de Fermo; ce glorieux Pontife se distingue encore par son blason où l'on voit un lion (l'un des douze *signes* du zodiaque) ayant une *axe* ou *bande* dans le milieu du corps.

230. DE RORE CŒLI.

De la Rosée du Ciel. — Urbain VII, 1590 (Jean-Baptiste Castagna), gentilhomme gènois, né à Rome. Avant son exaltation, Urbain VII fut Evêque de Rossano *(rosée saine)*, en Calabre, où l'on recueille la manne, espèce de *rosée qui tombe du ciel* avant le jour et qui se congèle sur les feuilles des arbres.

231. DE ANTIQUITATE URBIS.

De l'Antiquité de la Ville. — Grégoire XIV, 1590 à 1591 (Nicolas Sfondrate), selon le Dictionnaire de Moreri, d'*Orvieto,* en latin *Urbs vetus.* (*)

232. PIA CIVITAS IN BELLO.

La Bonne Ville en guerre. — Innocent IX, 1591 (J. Antoine Facchinetti), né à Bologne, *Bononia* des anciens, dérivant de *Bonus* l'un de ses fondateurs qui lui donna son nom. C'est donc cette ville de Bologne qui vit naître Innocent IX dont l'élection se fit au milieu de nombreuses difficultés.

(*) Bien loin de ne plus être aussi juste depuis le Pontificat de Grégoire XIV, la Prophétie de S. Malachie (imprimée en 1595) s'applique encore d'une manière admirable et on ne peut plus précise aux successeurs de ce Pape. Et ce qui est absolu, mathématique, c'est que *les symboles prophétiques* correspondent au nombre et à l'ordre des Souverains Pontifes. Ainsi : la Prophétie caractérise le Pape Pie VII « *Aquila Rapax* » (déjà nous avons expliqué comment ce doux Pontife fut *ravi* par l'*Aigle Napoléonien*). Or, entre Grégoire XIV et Pie VII il y a 23 Papes; pareillement la Prophétie donne 23 Symboles.

Le divin intérêt de la Prophétie du Saint irlandais augmente ainsi à mesure qu'on s'approche de sa fin et des grandes scènes qu'elle nous annonce.

233. CRUX ROMULEA.

La Croix Romaine. — Clément **VIII**, 1592 à 1605 (Hippolyte Aldobrandini), né à Fano. La famille des Aldobrandins est réputée descendre du premier chrétien *romain* et elle portait une *bande croisée* dans son blason. De concert avec le Roi Henri IV, Clément VIII conçut le projet d'une alliance de toutes les puissances chrétiennes contre les Turcs; devant le croissant des Infidèles se dressait ainsi *la Croix Romaine.*

234. UNDOSUS VIR.

L'Homme pareil à l'Onde. — Léon **XI**, 1605 (Alexandre de Médicis-Ottojano) né à Florence. Ce noble Pontife régna seulement quelques jours, on peut bien dire qu'*il passa comme une onde.*

235. GENS PERVERSA.

La Race Méchante. — Paul **V**, 1605 à 1621 (Camille Borghèse); romain de naissance. Il eut avec Venise, au sujet des priviléges du Clergé, un grave différend que le Roi de France, Henri IV, accommoda. L'allusion a trait d'ailleurs spécialement au Pontife : dans son blason on voit un aigle et un *dragon.*

236. IN TRIBULATIONE PACIS.

Dans le trouble de la Paix. — Grégoire **XV**, 1621 à 1623 (Alexandre Ludovisi); né à Bologne, dont il devint Archevêque. Cette création se fit au moment où l'Italie était encore *toute troublée* par les guerres d'Emmanuel de Savoie et de Ferdinand de Mantoue; *la paix* fut le fruit de la médiation du nouveau prélat.

237. LILIUM ET ROSA.

Le Lys et la Rose. — Urbain **VIII**, 1623 à 1644 (Maffée Barberini); né à Florence, qui tire son nom de *Flos*, la fleur. Urbain portait dans son bla-

son des abeilles qui se nourrissent du suc
des fleurs, symbolisées par *le Lys* (la pureté)
et par *la Rose* (l'amour). « On loue entre au-
» tres vertus d'Urbain, sa piété, sa modestie,
» sa douceur. »

238. JUCUNDITAS CRUCIS.

La Joie de la Croix. — Innocent **X**, 1644 à 1655 (Jean-
Baptiste Pamphilia); d'origine romaine. *La
Colombe* qui, dans ses armes, tient un rameau
d'olivier, est le symbole de *la joie* aussi bien
que de la paix. En outre, ce Pontife fut élu
le jour de l'Exaltation de la Sainte-Croix et
eut beaucoup à souffrir des prétentions du
Cardinal Mazarin.

239. MONTIUM CUSTOS.

Le Gardien des Montagnes. — Alexandre **VII**, 1655 à
1667 (Flavius Chigi); d'une illustre maison
de Sienne. La belle colonnade de la place
Saint-Pierre à Rome fut élevée par ce Pape
dont le blason porte *une montagne* à six co-
teaux et qui établit à Rome des *Monts de
piété.*

240. SYDUS OLORUM.

L'Astre des Cygnes. — Clément **IX**, 1667 à 1669 (Jules
Rospigliosi); d'une famille de Pistoie en Toscane. Dans le Conclave, le sort donna à Clément IX *la Chambre des Cygnes* d'où il sortit
comme un astre brillant pour réunir les princes
chrétiens contre les Turcs

241. DE FLUMINE MAGNO.

Du Grand Fleuve. — Clément **X**, 1670 à 1676 (Emile-
Bonaventure Altieri); né à Rome, un jour où
le Tibre était si débordé qu'il entra dans la
maison où se trouvait l'enfant et fit flotter
son berceau.

242. BELLUA INSATIABILIS.

La Bête Insatiable. — Innocent **XI**, 1676 à 1689 (Benoît
Odescalchi); né à Côme, dans le Milanais. On

a expliqué le symbole par les armes d'Innocent XI (un lion léopardé de gueules et un aigle de sable), ou par l'affection qu'avait le Pontife pour le Cardinal Cibo, son conseiller ; mais le jeu de mot *Sine Cibo* (c'est-à-dire *sans nourriture*) est indigne de la Majesté Divine. Le fait caractéristique du Pontificat d'Innocent XI, c'est sa lutte avec le clergé gallican et la France au sujet de *la Régale*. Or, le gallicanisme est doublé de *maçonnisme*. C'est là qu'il faut chercher *la bête insatiable* que dut combattre le sévère et pieux Pontife.

243. POENITENTIA GLORIOSA.

La Pénitence Glorieuse. — **Alexandre VIII**, 1689 à 1691 (Pierre Ottoboni) ; né à Venise. Après avoir recouvré le Comtat d'Avignon, ce courageux Pontife ne publia pas moins une Bulle contre *les IV misérables articles* et disgracia les malheureux Prélats qui avaient fait partie de l'Acsemblée ; son exaltation eut lieu le jour (6 octobre) où l'on honore S. Bruno, *l'un des plus illustres Pénitents de l'Eglise.*

244. RASTRUM IN PORTA.

Le Râteau à la Porte — **Innocent XII**, 1691 à 1700 ; Cardinal, Archevêque de Naples. Censeur non moins rigoureux des mœurs que de la doctrine, Innocent XII termina les difficultés soulevées par Louis XIV et le laïcisme. Il était de la maison des *Pignatelli del Rastello*, à la porte de Naples.

245. FLORES CIRCUMDATI.

Les Fleurs Environnées. — **Clément XI**, 1700 à 1721 (Jean-François Albani) ; né à Urbin, dans les Etats de l'Eglise. A l'avénement de Clément XI, on frappa une médaille en son honneur ; on y voyait les armes du Pontife entourées d'une couronne de fleurs, avec ces mots mêmes de la prophétie : *flores circumdati.*

246. DE BONA RELIGIONE.

De la Bonne Religion. — Innocent **XIII**, 1721 à 1724 (Michel-Ange Conti), né à Rome et successivement Nonce en Suisse et en Portugal, Evêque de Viterbe et Cardinal. Innocent XIII est *le huitième Pape* que l'illustre famille Conti donna à l'Eglise ; la douceur et le calme avec lesquels il supporta de nombreuses maladies témoignent de sa *vertu de religion.*

247. MILES IN BELLO.

Le Soldat à la Guerre. — Benoit **XIII**, 1724 à 1730 (Pierre-François des Ursins), fils du Duc de Gravina, né à Rome. Ce grand Pape appartenait à l'Ordre de S. Dominique et maniait admirablement le glaive de la parole. « Sans » entrer dans le détail de ses études, il sou- » tint dès 1670, avec applaudissement, des » Thèses de Théologie, à Bologne, devant le » Chapitre Provincial, et au commencement de » 1672, il en fit autant à Venise en présence » du Sénat, de plusieurs Prélats et de tout ce » qu'il y avoit de gens distinguez. » *(Moreri.)* Son Pontificat fut *un combat continuel.* Loin de céder devant l'ennemi, Benoit XIII assembla un Concile à Rome pour confirmer la Bulle *Unigenitus.*

248. COLUMNA EXCELSA.

Une Colonne Élevée. — Clément **XII**, 1730 à 1740 (Laurent Corsini), d'une ancienne famille de Florence. *Colonne élevée* d'une voix unanime au faîte de l'Ordre social, et que l'injustice ne pouvait atteindre, Clément XII punit ceux qui avaient malversé sous le précédent Pontificat ; aussi, à sa mort, le peuple reconnaissant lui érigea *une statue de bronze.*

249. ANIMAL RURALE.

L'Animal de la Campagne. — Benoit **XIV**, 1740 à 1758 (Prosper Lambertini), né à Bologne dont il devint Archevêque. Par son prodigieux génie,

Benoit XIV a été comparé à S. Thomas d'A-
quin dont les divins mugissements ne cesse-
ront de retentir sur la terre. Plein d'une douce
charité, l'illustre Pontife s'efforça de ramener
l'Eglise Grecque dans le bercail de Jésus-
Christ. Mais, comme *un animal des champs,*
cette Eglise continua à errer par monts et par
vaux, sans Pasteur et sans Docteur.

250. ROSA UMBRLÆ.

La Rose d'Ombrie. — Clément **XIII**, 1758 à 1769 (Charles Rezzonico), noble Vénitien. Avant son
exaltation, Clément XIII était *Gouverneur de
Rietti dans l'Ombrie.* Semblable à la reine des
fleurs *(la rose)* qui parfume la délicieuse
plaine de Rietti que Cicéron comparait à la
vallée de Tempé (entre l'Olympe et l'Ossa),
Clément XIII obtint par sa douce vertu l'insigne honneur de régner sur l'Eglise.

251. VISUS VELOX VEL URSUS VELOX.

La Vue trop Prompte ou l'Ours trop Pressé. (Il est
difficile de choisir entre les deux lectures). —
Dans tous les cas on peut dire de Clément **XIV,**
supprimant l'héroïque Compagnie de Jésus,
que *sa vue fut trop prompte* ou *qu'il fut trop
pressé* de quitter la solitude et la cellule Fran-
ciscaine pour monter sur le Trône Pontifical
et devenir l'instrument des intrigues gallicanes.
Clément **XIV** (Laurant Ganganelli) naquit
à Saint-Angelo-in-Vado (Etats de l'Eglise);
son règne s'étend de 1769 à 1774.

252. PEREGRINUS APOSTOLICUS.

Le Pèlerin Apostolique. — Pie **VI,** 1775 à 1799 (J. Ange
Braschi), né à Césène, dans les Etats de l'E-
glise. Le Symbole a premièrement trait au
voyage apostolique de ce Pontife auprès de
l'Empereur Joseph, à Vienne (afin d'arrêter
les persécutions contre l'Eglise); ensuite il
rappelle comment Pie VI fut enlevé de Rome
(lorsque la maçonnerie se fut insurgée dans

le royàume Pontifical) et forcé de suivre ses geôliers à Sienne, à Florence, à Parme, à Turin, à Briançon, à Grenoble et à Valence.

253. AQUILA RAPAX.

L'Aigle Ravissant. — **Pie VII**, 1800 à 1823 (Barnabé Chiaramonti), né à Césène. Pie VII avait été Bénédictin et Evêque de Tivoli lorsqu'il reçut la Pourpre avec l'Evêché d'Imola. Mais *le Fouet Sanguinolent du Seigneur* se permit d'arracher le vénérable Pontife de son palais, de le dépouiller de ses vêtements sacerdotaux et de le transporter à Fontainebleau comme l'Aigle qui ravit une proie.

254. CANIS ET COLUBER.

Le Chien et le Serpent. — **Léon XII**, 1823 à 1829 (Annibal della Genga) natif de Spolete, en Ombrie, promu à l'Archevêché de Tyr et Nonce Apostolique. *Le Chien* symbolyse *la fidélité* et *le Serpent la prudence.* Qr, contrairement à plusieurs prélats qui se laissèrent éblouir par les promesses de Napoléon Ier, l'Archevêque della Genga prouva *sa fidélité* à Pie VI exilé en se retirant dans sa famille et en attendant son retour (*fidélité* qui, en 1814, lui mérita d'être nommé Cardinal-Vicaire de Rome); de même il fit preuve d'une si grande *prudence* comme Nonce Apostolique que le Sacré-Collége le désigna pour succéder au gouvernement de l'Eglise.

255. VIR RELIGIOSUS.

L'Homme Religieux. — **Pie VIII**, 1829 à 1830 (Fr. Xavier Castiglione), né à Cingoli dans la Marche d'Ancône et Evêque de Frascati, quand il apprit son élection. La Prophétie est réalisée par le nom papal; *pius,* en latin, veut dire *pieux, religieux.* Le bref de 1830, sur les mariages mixtes, indique le zèle ardent de Pie VIII pour les âmes, les mœurs et la Religion.

256. DE BALNEIS ETRURIÆ.

Des Bains de l'Etrurie. — Grégoire **XVI**, 1831 à 1846 (Maur Capellari), né à Bellune, près de Venise. Avant d'être créé Visiteur Apostolique des Universités et Cardinal, ce Pontife avait été *Abbé du Monastère des Camaldules de Murano.* Or, tout le monde sait que ces Religieux ont pris naissance dans la Toscane, qui est une partie de l'ancienne *Etrurie,* dont *les bains* étaient très-renommés autrefois. Aujourd'hui encore, le Monastère-Chef de l'Ordre des Camaldules se trouve à *Camaldoli,* petite ville située dans l'ancien royaume des Etrusques ou Etruriens (d'où *Etrurie).*

257. CRUX DE CRUCE.

La Croix de la Croix. — Sa Sainteté le Pape **Pie IX,** des Comtes de Mastaï-Ferretti, exalté sur le Trône Pontifical en 1846. Ce noble Pontife est le plus illustre des Religieux du Tiers-Ordre de Saint-François d'Assise qui, par ses stigmates, fut la vivante image du Sauveur crucifié. Hélas, après un quart de siécle de triomphes à nuls autres pareils, le bien-aimé captif du Vatican a pu dire en voyant l'ennemi envahir le patrimoine de S. Pierre et souiller la la Ville Sainte par des armes sacriléges : *Absit mihi gloriari nisi in Cruce D. N. J.-C.*

Mais le jour de la résurrection approche. L'inondation de Rome au lendemain de sa profanation, l'éruption du Vésuve alors que l'impudence se promenait dans la capitale du royaume de Naples, les tremblements de terre qui accompagnent la marche de l'usurpateur, tous ces avertissements sont les préludes de la guerre en Italie, de la famine, de la peste, et pour le bonheur de tous, de la destruction des impies.

Après le symbole « *Crux de Cruce* », la Prophétie de S. Malachie fait encore allusion à onze Papes. Leur signification est d'un accord frappant avec la Prophétie d'Orval et le récit de la fin du monde contenu dans l'Evangile (*) Les symboles ne se rapportent plus au blason des Pontifes, c'est-à-dire au signe même du Souverain, que le fidèle pouvait si facilement vérifier alors que l'art héraldique était encore en honneur. A mesure qu'ils pénètrent dans le domaine de l'avenir et qu'on s'approche des grands événements qui renouvelleront l'univers, ils parlent un langage plus intelligible encore.

LUMEN IN CŒLO.

La Lumière dans le Ciel. — . . . . D'après toutes les Prophéties, le Pape désigné par ces mots doit être le Pontife Saint et il règnera avec le Grand Monarque issu de la famille royale de France. La Prophétie de Verdin dit qu'il sera élu *contre l'attente des hommes; au sein d'une grande lutte électorale.*

IGNIS ARDENS.

Le Feu Ardent — . . . .

RELIGIO DEPOPULATA.

La Religion Dépeuplée. — . . . .

FIDES INTREPIDA.

La Foi Intrépide. — . . . .

PASTOR ANGELICUS.

Le Pasteur Angélique. — . . . .

PASTOR ET NAUTA.

Pasteur et Marinier. — . . . .

FLOS FLORUM.

La Fleur des Fleurs. — . . . .

DE MEDIATE LUNÆ.

De la Moitié de la Lune. — . . . .

(*) S. MATHIEU, ch. XXIV, des verset 3.

DE LABORE SOLIS.

Du Travail du Soleil. — . . . .

DE GLORIA OLIVÆ.

De la Gloire des Oliviers. . . . .

IN PERSECUTIONE EXTREMA SACRÆ ROMANÆ EC-
CLESIÆ,. SEDEBIT PETRUS ROMANUS, QUI PASCET
OVES IN MULTIS TRIBULATIONIBUS : QUIBUS TRANSAC-
TIS CIVITAS SEPTICOLLIS DIRUETUR, ET JUDEX
TREMENDUS JUDICABIT POPULUM.

*Dans la dernière persécution de la Sainte Eglise
Romaine, il y aura sur le Trône Pontifical un Pape
du nom de Pierre, Romain. Ce Pontife paîtra les brebis du Seigneur au milieu de grandes tribulations,
après lesquelles la Ville aux sept collines sera détruite.
Alors, Notre Seigneur Jésus-Christ, terrible dans sa
colère, viendra juger le monde.*

Ainsi, le nom du premier Apôtre sera celui du dernier Pontife; mystérieuse coïncidence qui rappellera
la vérité des paroles du Sauveur : TU ES PIERRE,
ET SUR CETTE PIERRE JE BATIRAI MON EGLISE.

LISTE

des Pontifes Romains

DRESSÉE

pour accompagner

LA PROPHÉTIE DE S. MALACHIE.

		Année de leur création				Année de leur création
1	S. Pierre, né à Betsaïde, en Galilée, vint d'Antioche à Rome, où il fut martyrisé avec S. Paul; ap. N. S. J.-C., dont il fut le premier Vicaire . .	33	25	S. Sixte II . . .	260
			26	S. Denys	261
			27	S. Félix I	272
			28	S. Eutychien . .	275
			29	S. Caius	283
			30	S. Marcellin . .	296
			31	S. Marcel I . . .	304
			32	S. Eusèbe . . .	309
2	S. Lin	67	33	S. Melchiade . .	311
3	S. Clet	78	34	S. Silvestre I . .	314
4	S. Clément I . .	90	35	S. Marc	337
5	S. Anaclet . . .	100	36	Jules I	341
6	S. Evariste . . .	112	37	Libère	352
7	S. Alexandre I	121	38	S. Félix II . . .	363
8	S. Sixte I	132	39	S. Damase I . .	377
9	S. Télesphore .	142	40	S. Sirice	384
10	S. Hygin	154	41	S. Anastase I .	399
11	S. Pie I	158	42	S. Innocent I .	402
12	S. Anicet	167	43	S. Zozime . . .	417
13	S. Soter	175	44	S. Boniface I . .	418
14	S. Eleuthère . .	182	45	S. Célestin I . .	423
15	S. Victor I . . .	193	46	S. Sixte III . . .	432
16	S. Zéphyrin . .	203	47	S. Léon I, le Grand	440
17	S. Callixte . . .	221	48	S. Hilaire	461
18	S. Urbain I . . .	227	49	S. Simplice . . .	468
19	S. Pontien . . .	233	50	S. Félix III . . .	483
20	S. Anthère . . .	238	51	S. Gélase I . . .	492
21	S. Fabien	240	52	S. Anastase II .	496
22	S. Corneille . .	253	53	S. Symmaque .	498
23	S. Lucius I . . .	255	54	S. Hormisdas .	514
24	S. Etienne I . .	257	55	S. Jean I	523

140	Jean XV	985	153 Victor II	1055
141	Grégoire V	996	154 Etienne X	1057
142	Silvestre II	999	155 Nicolas II	1058
143	Jean XVI	1003	156 Alexandre II	1061
144	Jean XVII	1003	157 S. Grégoire VII	1073
145	Serge IV	1009	158 Victor III	1087
146	Benoit VIII	1012	159 Urbain II	1088
147	Jean XVIII	1024	160 Pascal II	1099
148	Benoit IX	1033	161 Gélase II	1118
149	Grégoire VI	1044	162 Callixte II	1119
150	Clément II	1046	163 Honorius II	1124
151	Damase II	1048	164 Innocent II	1130
152	S. Léon IX	1049		

165 Ex Castro Tiberis, *du Château du Tibre*, Célestin II 1143

166 Inimicus Expulsus, *l'Ennemi Chassé*, Luccius II 1144

167 Ex Magnitudine Montis, *d'un Mont Élevé*, Eugène III 1145

168 Abbas Suburranus, *l'Abbé de Suburre*, Anastase IV 1153

169 De rure Albo, *du Champ d'Albe*, Adrien IV 1154

Ex Tetro Carcere, *d'une Noire Prison*, l'Antipape *Victor*.

Via Transtiberina, *de la Voie au delà du Tibre*. l'Antipape *Pascal*.

De Pannonia Tusciæ, *de la Pannonie et de la Tuscie*, l'Antipape *Calixte*.

170 Ex Ansere Custode, *de l'Oie qui est en garde*, Alexandre III 1159

171 Lux In Ostio, *la Lumière d'Ostie*, Lucius III 1181

172 Sus In Scribro, *le Sanglier dans le Crible*, Urbain III 1185

173 Ensis Laurentii, *l'Epée de St-Laurent*, Grégoire VIII 1187

174 Ex Schola Exiet, *il sortira de l'Ecole*, Clément III 1187

175 De Rure Bovensi, *du Champ de Bovis*, Célestin III 1191

176 Comes Signatus, *le Comte signé*, Innocent III 1198

177 Canonicus Ex Latere, *le Chanoine de Latran*, Honorius III 1216

178 Avis Ostiensis, *l'Aigle d'Ostie*, Grégoire IX 1227

179 Leo Sabinus, *le Lion Sabin*, Célestin IV 1241

180 Comes Laurentinus, *le Comte de Saint-Laurent*, Innocent IV . , ... 1243

181 Signum Ostiense, *le Signe d'Ostie*, Alexandre IV 1254

182 Jerusalem Campaniæ, *de la Champagne et de Jérusalem*, Urbain IV . , ... , ... 1261

183 Draco Depressus, *le Dragon écrasé*, Clément IV . . 1265

In persecutione extrema Sacræ Romanæ Ec-
clesiæ, sedebit PETRUS Romanus, qui pascet
Oves in multis tribulationibus : quibus transac-
tis Civitas Septicollis diruetur, et JUDEX
TREMENDUS judicabit Populum.

Dans la dernière persécution de la Sainte Église Romaine, il y aura sur le Trône Pontifical un Pape du nom de Pierre, Romain. Ce Pontife paîtra les brebis du Seigneur au milieu de grandes tribulations, après lesquelles la Ville aux sept collines sera détruite. Alors, Notre Seigneur Jésus-Christ, terrible dans sa colère, viendra juger le monde.

PROPHÉTIES D'ISAIE

LE CHAPITRE XI

APPLIQUÉ AUX PROCHAINS ÉVÉNEMENTS

et au Rejeton de la Cap

PAR LE VÉNÉRABLE HOLZHAUSER (*)

———

(1) Et *un Rejeton* sortira *de la Tige de Jessé;* une fleur s'élèvera *de ses racines.*

(2) L'esprit du Seigneur reposera sur lui : esprit de sagesse et d'intelligence, esprit de conseil et de force, esprit de science et de piété.

(3) *Et il sera rempli de la crainte du Seigneur;* il ne jugera ni sur le regard de ses yeux, ni sur le témoignage de ses oreilles ; (4) mais il rendra la justice aux pauvres, il sera le vengeur des hommes sans défense ; il frappera la terre de sa parole comme d'une verge ; l'impie s'évanouira devant le souffle de sa bouche.

(5) La justice sera la ceinture de ses reins, et la bonne foi, son baudrier.

(6) Sous son règne, le loup habitera avec l'agneau ; le léopard reposera auprès du chevreau ; la génisse, le lion, la brebis, demeureront ensemble ; et *un petit enfant* suffira pour les conduire. (7) L'ours et le taureau prendront la même nourriture ; leurs petits dormiront l'un près de l'autre ; le lion et le bœuf iront aux mêmes pâturages. (8) *L'enfant à la mamelle* se jouera avec l'aspic ; *l'enfant nouvellement sevré* portera la main dans la caverne du basilic.

(*) T. I, Sect. III, p. 183, (2me édit.) et T. II, Sect. I : *De la consolation de l'Eglise latine, de sa future exaltation et de son extension.*

(1) La Prophétie concerne donc quelqu'un d'autre que N. S. Jésus-Christ, car, si ce *Rejeton* de race royale doit être rempli de la crainte du Seigneur, il n'est pas le Seigneur.

(9) Ces animaux *ne nuiront plus et ne tueront plus sur la Montagne Sainte,* parce que la science de Dieu, immense comme la mer, inondera la terre.

(10) En ce jour-là, *le Rejeton de Jessé* sera élevé comme un étendard à la vue des peuples ; toutes les nations accourront vers lui, et son sépulcre sera glorieux.

(11) Alors le Seigneur étendra la main *une seconde fois* pour rassembler ceux d'entre son peuple qui auront échappé à la fureur *des Assyriens, des Egyptiens,* des habitants de *Phétros, des Ethiopiens,* des *Elamites,* des peuples de *Sennaar,* d'*Emath et des îles de la mer.* (12) Il lèvera *son étendard* sur les nations ; il réunira, *des extrémités de la terre, les restes dispersés de Juda ;* il rassemblera *les fugitifs d'Israël.*

(13) La haine d'Ephraïm sera éteinte, *et les ennemis de Juda périront :* Ephraïm n'enviera plus la gloire de Juda, Juda ne s'armera plus contre Ephraïm. (14) *Et ils voleront sur la mer* pour fondre sur les Philistins : *ils ravageront les fils de l'Orient ;* l'Idumée et Moab recevront leurs lois ; les fils d'Ammon leur obéiront.

(15) *Le Seigneur désolera l'Egypte ;* il lèvera la main sur son fleuve, il l'agitera d'un souffle violent, il le frappera, et, divisé en sept ruisseaux, le Nil sera franchi à pied sec.

(16) *Et mon Peuple, échappé à la fureur des Assyriens,* trouvera un passage comme Israël au jour où il monta de la terre d'Egypte.

Les mystères contenus dans ce chapitre sont si merveilleux, qu'on n'oserait tenter de les interpréter en ce moment où trois siècles de rigorisme et d'une critique exagérée, ont répandu leurs miasmes morbides jusque dans le sein de l'histoire.

Avec le Disciple aimé du Sauveur, on peut dire :

« *Bienheureux celui qui lit et écoute les paroles de cette*
» *Prophétie et garde les choses qui y sont écrites ; car le temps*
» *est proche.* »

PROPHÉTIE

DU FRÈRE HERMANN,

Religieux Cistercien du Couvent de Lehnin (1).

Il y vivait en grande réputation de sainteté vers l'an 1270.

FRAGMENT A PARTIR

DE S. M. LE ROI GUILLAUME Ier DE PRUSSE,

désigné par ces mots :

Tandem sceptra gerit qui stammatis ultimus erit. (2)

---

93. Enfin, celui-là porte le sceptre qui sera le dernier de la race (3).

94. *Israel infandum scelus audet mortu piandum.*

---

(1) Couvent de l'Ordre de Citeaux, fondé en 1180, par le Margrave Othon I, de la Maison d'Anhalt, dans la Marche de Brandebourg, sur le Havel, à deux milles de Podsdam.

(2) Le lecteur désireux de connaître le texte complet de la Prophétie du Frère Hermann (ou Prophétie de Lehnin) la trouvera dans l'ouvrage publié en 1850, à Ratisbonne, chez Manz, sous le titre : *Das Buch der Wahr und Weissagungen.*

(3) Les vers 47, 48 et 49 portent :

> *Inferet at tristem patriæ tunc fœmina pestem ;*
> *Fœmina serpentis labe contracta recentis ;*
> *Hoc ad undenum durabit stemma venenum.*

« En ce temps-là, une femme (Elisabeth de Danemark qui », passa à l'hérésie luthérienne) introduira dans la patrie une » peste déplorable. »

» Femme infectée du venin d'un reptile (Luther) d'origine » nouvelle. »

» Elle en perpétuera le virus dans sa descendance jusqu'à » la onzième génération. »

Or, il se trouve que Guillaume Ier de Prusse, le Roi actuel, a osé prendre en ses mains un sceptre mal acquis; de plus

Israël commet un horrible forfait que la mort seule peut expier.

95. *Et Pastor Gregem recepit, Germaniâ Regem.*

Le Pasteur (le Souverain-Pontife) recouvrera son Troupeau (ses fidèles sujets); l'Allemagne obtient *un Roi* (il n'est plus question d'Empereur!).

96. *Marchia, cunctorum penitus oblita malorum.*

La Marche (de Brandebourg) oubliant entièrement tous ses malheurs.

97. *Ipsas suos audet fovere nec advena gaudet.*

Choie en toute liberté ses enfants, et l'étranger (les armées qui l'occupaient) ne s'y réjouit plus.

98. *Priscaque Lehnini* (1) *surgent et tecta Corini* (2).

(Ensuite du retour au Catholicisme) les antiques bâtiments de Lehnin et de Chorin se relèvent.

99. *Et veteri more Clerus splendet honore.*

Le Clergé brille des honneurs qu'on lui rend suivant l'ancien usage.

100. *Nec lupus plus insidratus ovili.*

Et le loup ne dresse plus d'embûches au noble troupeau.

c'est en ce Prince qu'est arrivé le onzième degré de la descendance d'Elisabeth de Danemark.

Mais « nous souvenant du précepte du divin Maître qui nous enseigne combien il faut pardonner à nos ennemis mortels eux-mêmes, nous nous rangeons de préférence à l'opinion qui tient que Guillaume I⁰ʳ serait le dernier Roi de Prusse *Protestant*. C'est le sens obvie du vers de la Prophétie, où il est dit que le *venin pestilentiel* du reptile de nouvelle origine se perpétuera jusqu'à la onzième génération, et qu'alors seulement de nouveaux jours de félicité se lèveront sur Lehnin. Cette dernière opinion se heurte cependant quelque peu au vers 94, qui semble suspendu comme une épée de Damoclès sur le chef de la Maison des Hohenzollern, tant il est vrai qu'il n'est ici-bas aucun bonheur sans mélange. » *(Précis des Apparitions et des Prédictions les plus célèbres,* Bruxelles, V. Devaux, 1871.)

(1) C'est le Couvent de Lehnin, que les vertus du Frère Hermann ont glorifié.

(2) Autre Couvent de l'Ordre de Cîteaux, situé dans la Marche de Brandebourg, où il fut fondé en 1232 par les Margraves Jean I⁰ʳ et Othon III.

PROPHÉTIES DES SAINTS PÈRES

RECUEILLIES PAR PIRUS (1).

1672.

32. Les péchés commis contre Dieu le Père, qui est la transgression de la Loi de Nature, ont été punis par le déluge général du temps de Noé; les péchés commis contre Notre Sauveur, qui est incrédulité, ont été punis aux Juifs, errants misérables; les péchés commis contre le Saint-Esprit, qui est méconnaissance et mépris de ses dons et grâces, seront cyaprès punis par feu, sang, pauvreté et servitude.

> Les tourments de ce corps ne sont que des vergettes,
> Pour abattre la poussière au ply de la vertu;
> Tant plus le corps patit, plus l'âme en est nette,
> L'air se purge tant plus que le vent l'a battu.

34. Les Pères révélatifs y ont mis termes généraux, comme quand la fin du monde commencera à s'approcher; quand grand nombre de chrétiens et les royaumes entiers feront banqueroute au Saint-Siége Apostolique, et que le Bœuf et le Lion s'élèveront contre lui pour le dévorer; quand les nouveaux

(1) Livret imprimé à Paris chez la Veuve Dupont, rue d'Ecosse, près le Puits-Certain. 24 pages et très-rare. Bibliothèque de Sainte-Geneviève, lettre V, n° 710. — Pirus n'était pas un Prophète, mais *un grand docteur en l'astrologie*; il a recueilli les Prophéties ou les Révélations des Saints Pères avec plus ou moins de soin, il les a analysées avec plus ou moins de bonheur, arrangées avec plus ou moins de méthode et *mises en lumière* autant qu'il a pu. (D'après M. H. Dujardin.)

mondes et terres neuves achèveront d'emporter la Foi catholique; quand l'Empire Romain volé et coupé par pièces n'aura plus que le nom de son ancienne splendeur, par lequel, depuis huit cents ans, l'Eglise d'Occident a régné sur les couronnes de l'Europe en si grande sainteté et zèle de religion.

38. Toutes Prophéties et Révélations demeurent d'accord, les Turcs même s'y attendent, qu'un Roi de France lèvera les armes en main forte contre eux, et leur fera lâcher prise de tout ce qu'ils auraient conquis sur les terres des chrétiens et en l'Orient et en l'Occident, et les réduira en son obéissance, et de l'Eglise Catholique; et leur fera embrasser le baptême, et vivront en union de Religion et de fraternité catholique avec nous; ce Roi réunira l'Empire divisé en l'Orient et en l'Occident, et sera seul Empereur du monde, aimé et redouté de tous les hommes.

39. Jamais ne s'est vu monarque si zélé à l'honneur de Dieu, si victorieux, si puissant, ni si heureux en terre qu'il sera.

40. Par lui tous les royaumes chrétiens, auparavant désolés de toutes misères, seront relevés et rétablis en grande splendeur.

40 (sic). Par lui n'y aura au monde qu'un Pasteur et une Bergerie, tout schisme et hérésies ôtées; tous tyrans et méchants tués, punis :

41. Y aura un Saint Pape, un Saint Clergé, un Saint Roi de France, assisté de Sainte Noblesse' et de bon peuple.

42. La réformation en tous états sera embrassée et observée amoureusement et chacun craindra soigneusement d'offenser Dieu, et se tiendra en son devoir; chacun s'évertuera en sa vocation de servir à Dieu en vraie et Sainte Religion Catholique, en pureté de vie par tout le monde.

49. Viendra ensuite la réformation volontaire de tous les Etats Chrétiens en humble obéissance à l'Eglise Catholique et au Roi de France.

. . . .

50. Cette réformation oubliée fera voir Goth et Magoth, peuples Scytiques et Tartares, qui feront plus de cruautés que les Turcs; ces barbares en mœurs et religion ouvriront la porte à l'Anté-Christ.

51. Les Prophètes Elie et Enoch viendront à l'aide des hommes, et après leur mort ce sera la consommation de cet univers par feu.

52. Et sur ces cendres, tous hommes se lèveront de la mort à la vie, et se présenteront au bureau des Etats Généraux du Fils de Dieu, Notre Sauveur et Rédempteur, qui y jugera tout homme par ses œuvres.

VISION PROPHÉTIQUE [1].

Le jour des Rois 1820, je pris pour mon sujet d'oraison le bonheur de ceux qui suivent le flambeau de la foi, comme les Mages avoient suivi l'étoile, et le malheur de ceux qui vivent sans foi.

Il étoit quatre heures du matin.

Je ne sais ce que devint mon oraison, ni mes facultés naturelles : je les perdis toutes.

Je me trouvai transportée dans un lieu si vaste, qu'il me parut renfermer tout l'univers.

Pour la seconde fois, je vis ces deux grands arbres....; ils avoient des branches d'une étendue immense, mais ces branches étoient penchées vers la terre et paraissoient demi-mortes. Cependant, malgré leur peu de vigueur, ces arbres s'agitoient d'une manière si rapide et si irrégulière, qu'ils faisoient trembler.

Ils paraissoient vouloir tout envahir.

J'entendis des voix nombreuses qui crioient d'un ton horrible, et dans ce moment je me crus demi-morte. Mais j'eus encore plus grand'peur quand j'entendis bien distinctement par trois fois les mêmes voix qui disoient : NOUS SOMMES VAINQUEURS, NOUS AVONS LA VICTOIRE !

Au moment où les voix prononçoient ces paroles, tout d'un coup je vis que le ciel devint une profonde nuit ; je n'avois jamais rien vu de si obscur. Cette obscurité fut accompagnée d'un tonnerre, ou plutôt il me sembloit que le tonnerre venoit à la fois des quatre parties de la terre.

[1] *Nouveau Recueil de Prédictions,* publié en novembre 1830.

Il m'est impossible de vous peindre quelle fut ma frayeur : le ciel devint tout en feu, il lançoit de toutes parts des flèches enflammées ; il se faisoit un bruit si terrible, qu'il paraissoit annoncer la ruine entière du monde.

J'aperçus alors un gros nuage rouge couleur de sang de bœuf ; ce nuage rouloit de tous côtés et me donnoit bien de l'inquiétude, ne sachant ce qu'il signifioit. Cependant, j'aperçus une multitude d'hommes et de femmes qui avoient des figures à faire peur ; ils se livroient à toutes sortes de crimes ; ils vomissoient des blasphêmes horribles contre ce qu'il y a de plus sacré au ciel et sur la terre. J'en ressentis une si grande peine, que je l'éprouve encore en vous écrivant ceci !

Ce qui me surprit, ce fut de voir à la tête de ces malheureux quelques-uns de ceux qui, par leur état, doivent les porter au bien et qui les poussoient au mal.

Il y en a un, que je ne nommerai point, qui subira le même sort que les autres, à cause de sa damnable philosophie ; le temps vous dira tout quand ces crimes seront connus et punis.

Le tonnerre grondoit toujours dans les airs d'une manière effrayante, lorsque j'entendis une voix qui me dit :

« *Ne crains point ; mon courroux tombera sur*
» *ceux qui ont allumé ma colère ; ils disparoîtront*
» *dans un moment. Tout l'univers sera étonné d'ap-*
» *prendre la destruction de la plus belle, de la plus*
» *superbe ville ! Je dis superbe par ses crimes ! car*
» *je l'ai en abomination ! Les deux arbres que tu*
» *vois, c'est elle qui les a enfantés ; leurs branches*
» *représentent toutes les nations qu'elle a empoison-*
» *nées par sa malheureuse philosophie qui répand*
» *partout l'impiété ; c'est cette maudite Babylone qui*
» *s'est enivrée du sang de mes Saints ; elle veut en-*
» *core le verser, et dans peu celui d'un Prince..... Elle*
» *mettra le comble à ses terribles forfaits, et moi, je*

» *lui ferai boire le vin de ma colère ; tous les maux*
» *tomberont à la fois sur elle et dans un seul in-*
» *stant.* »

Je n'entendis plus la voix, mais un bruit effroyable ;
le gros nuage se divisa en quatre parties qui tombè-
rent à la fois sur la grande ville, et dans un instant
elle fut toute en feu. Les flammes qui la dévoroient
s'élevèrent dans les airs, et de suite je ne vis plus
rien qu'une vaste terre noire comme du charbon.

*   *   *

Après tout cela, le ciel s'éclaircit, et d'une nuit
affreuse, je vis le plus beau jour que j'eusse jamais
vu.

Un doux printemps se faisoit sentir, et tout paraissoit dans l'ordre le plus parfait.

Je vis des personnes de toutes qualités, qui étoient
en si grand nombre, que c'étoit comme une fourmi-
lière ; je n'ai jamais vu de figures si contentes ; elles
avoient je ne sais quoi qui inspiroit la joie ; elles se
tenoient toutes dans un profond respect et un silence
général régnoit, quand j'aperçus une grande place,
autour de laquelle toutes ces personnes me parurent
réunies.

Au milieu de cette place, je vis une tige semblable
à une belle pyramide, dont la cîme paraissoit s'élever jusqu'au ciel. Il y avoit d'autres tiges tout autour
de celle-là, de distance en distance et comme par
étages ; elles étoient toutes garnies de feuilles d'un
vert velouté et d'un brillant admirable ; entre ces
feuilles, il y avoit des fleurs, les unes d'un rouge écla-
tant, les autres d'une blancheur non pareille.

Tout cela donnoit un coup d'œil charmant.

Sur la cîme de la principale tige étoit un gros
globe qui me parut d'un or très-pur, et une colombe
blanche comme la neige voltigeoit dessus.

J'admirois tout cela, lorsque j'entendis un chant
si mélodieux, qu'il me sembloit venir du ciel et que

j'en fus toute ravie; au même instant, j'aperçus une nombreuse Procession de tous les Ordres Religieux et Ecclésiastiques, c'est-à-dire, des Prêtres, des Evêques, des Archevêques, des Cardinaux, enfin de tous les Ordres.

De ce nombre, deux surtout fixèrent mon attention; ils avoient l'air tout rempli de l'amour de Dieu.

Il y en avoit un, dont je ne connaissois pas le costume; l'autre étoit à côté de lui dans une posture respectueuse, c'est-à-dire à genoux.

Dans ce moment, je vis la colombe qui étoit sur la cîme de la tige, venir se reposer sur la tête de celui dont le costume m'étoit inconnu (le Pape), lequel mit la main sur la tête de celui qui étoit à genoux, (le Grand Monarque), et alors la colombe vint aussi se reposer sur la tête de celui-ci, puis retourna sur l'autre; tout le Clergé, chacun selon son rang, entourant la personne sacrée du Pontife; les principaux l'approchoient de plus près.

La tige, en forme de pyramide, présentoit quatre portes à ses quatre façades. Le chant continuoit toujours: il s'y mêloit des cris d'allégresse, mais sans confusion: ils disoient: *Gloire à Dieu dans les cieux, et paix sur la terre! Vive la Religion dans tous les cœurs! Vive le Pape! Vive le Grand Monarque, le soutien de la Religion!*

.   .   .   .

LA BARQUE DE PIERRE

d'après une image de piété.

Seigneur, sauvez-nous, nous périssons (St-Math VIII, 25)
Je dors, et mon cœur veille. (Cant. V, 2)

Un soir, sur la Barque de Pierre,
Les Apôtres étaient montés ;
La nacelle frêle et légère,
Défiait les vents irrités.
Sifflant au dessus des abîmes,
La tempête se déchaînait,
Semblant réclamer des victimes,
Et cependant JÉSUS dormait !....

Il dort lui, le Maître du monde,
Dont la voix commande aux autans,
Et qui, dans leur couche profonde,
Retient les vastes océans.
Il dort et le péril augmente,
Et les eaux vont tout engloutir.
Eperdus, saisis d'épouvante
Les Apôtres vont-ils périr ?...

Faibles cœurs ! quoi ! par sa présence,
JÉSUS ne vous rassure pas !
Et vous laissez votre espérance
Faiblir à l'aspect du trépas ?....
Le sommeil voile sa paupière,
Mais son CŒUR qui veille toujours,
Est celui du plus tendre père.
Comptez sur son divin secours.

Non, semblable à l'eau mugissante,
Leur frayeur croît à chaque instant.
Sans force contre la tourmente,
Ils touchaient au dernier moment,
Quand le cri de la confiance
Se fait jour enfin dans leur cœur,
Sauvez-nous, ô Dieu de clémence,
Nous périssons, pitié, Seigneur !

A peine l'écho de l'abime
A répété ce cri vainqueur,
Que leur espérance s'anime.
JÉSUS répond avec douceur :
Quand votre péril seul m'implore,
Que craignez-vous, hommes sans foi?....
Quoi, vous ne savez pas encore,
Enfants, vous confier en moi?....

Puis, s'adressant à la tempête,
En maître auguste et souverain,
Il ordonne, et le vent s'arrête,
Et le calme renaît soudain,
Et déjà vous voyez sourire
Les eaux, où se mire un ciel bleu,
Et la nature semble dire :
Gloire à JÉSUS, gloire à mon DIEU!

Que de siècles passés depuis lors, et la terre
Doit au même spectacle assister aujourd'hui.
L'orage gronde encore, et la Barque de Pierre
A l'heure du péril apparaît sans appui.
Ah! prions; s'il le faut, immolons-nous pour elle,
Mais sur son avenir gardons-nous de trembler :
JÉSUS l'a déclarée invincible, immortelle,
L'univers conjuré ne saurait l'ébranler!

Voyez, le Maître dort sur la frêle nacelle
Qu'assiégent à la fois tant de vils ennemis;
Qu'importe ce sommeil? JÉSUS est avec elle,
Il y sera toujours, Lui-même l'a promis.....
Ranimons notre foi : l'hymne de l'espérance.
A l'ardente prière réunira son doux chant,
Si nous nous souvenons qu'à la Toute-Puissance
Pour sauver et pour vaincre il ne faut qu'un instant.

Le vent des passions révolutionnaires souffle avec tant de
fureur autour de la barque de l'Eglise que nos cœurs palpi-
tants craignent de la voir sombrer à toute heure. Rassurons-
nous, enfants dévoués de cette Sainte Eglise Catholique
Romaine : Jésus n'est-il pas avec Elle et avec nous! Il semble
dormir, oui, pour éprouver notre foi; mais véritablement son
cœur veille. — Pie IX le sait bien, lui le dépositaire souverain de sa puissance et de son amour. Pie IX connaît le cœur
de son divin maître; et il ne se trouble pas comme les Apôtres. Il sait que Jésus se réveillera à son heure; et que d'un

mot apaisant ces tempêtes, d'un regard calmant ces vagues mugissantes, il déploiera plus visiblement sa puissance pour le triomphe des bons et la confusion des méchants.

Oui, tranquillisons-nous : l'Eglise a des promesses de vie que les siècles ne lui raviront pas. L'Eglise est un roc qui a reçu tous les flots de la mer en courroux, sans jamais perdre un atôme de son immortelle substance. L'Eglise est une barque fragile, mais dirigée par un pilote que le Saint-Esprit lui-même couvre de sa protection. — Et puis, notre bien-aimé Pontife n'est-il pas aidé dans son œuvre par ces nombreuses phalanges d'Evêques illustres, de Vierges consacrées, de Religieux de tous Ordres, etc.? — Donc, ayons confiance, Chrétiens fidèles, nous qui sommes les heureux passagers de cette barque divine. L'Eglise, malgré tout, poursuit tranquillement sa marche, elle saura nous conduire au port.

PRIÈRE
DE NOTRE SAINT-PÈRE LE PAPE PIE IX
pour les temps
OU L'EGLISE EST PERSÉCUTÉE.

SEIGNEUR, Dieu Tout-Puissant, qui ne permettez le mal que pour en retirer le bien, écoutez l'humble prière par laquelle au milieu de tant d'assauts, nous demandons la grâce de vous être fidèles et de persévérer dans cette fidélité jusqu'à la mort!... En toutes circonstances, daignez, par l'intercession de la Bienheureuse Vierge Marie, nous accorder la force de nous conformer à Votre Très-Sainte Volonté.

TABLE DES MATIÈRES

NOSTRADAMUS

ET

SES PROPHÉTIES

UN PEU DE VÉRITÉ.....

Et d'abord faisons connaissance avec maître *Nostradamus* « la plus grande de toutes *les célébrités astrologiques* de nos temps modernes. »

« *Michel Nostredame* naquit à midi précis, le 14 décembre 1503, au village de Saint-Remy, dans la Provence, d'une famille de Juifs convertis *(Bouche, Esssai sur l'hist. de Provence)*. Il dirigea ses premières études vers la science médicale, dont l'astrologie faisait encore partie intégrante, et eut pour précepteur et pour guide son aïeul maternel. Il obtint comme médecin, à l'aide de quelques remèdes secrets, dont il publia plus tard la recette dans ses *Fardements,* des succès qui lui valurent la jalousie de ses confrères, ensuite leur haine et une multitude de tracasseries. Ils prétendaient qu'il était profondément ignorant dans l'art de guérir, ce qui pouvait bien être vrai. Dégouté du métier, il se retira à Salon, et se mit à composer des almanachs, dans lesquels il inséra des notions sur les temps convenables aux divers travaux de l'agriculture, et de vagues prophéties sur les affaires publiques et la mort des grands. On trouva leur application

d'autant plus facilement, qu'elles étaient plus vagues; et le prophète, qui ne s'attendait pas à la
grande réputation qu'il conquit à si peu de frais, en
perdit la tête. Il se crut réellement inspiré, ou fei-
gnit de le croire, s'enferma avec ses livres, et devint invisible pour les petites gens. Le peuple de
Salon est encore persuadé qu'il se fit descendre
vivant dans un caveau avec des livres, des plumes,
de l'encre, du papier et une lampe inextinguible en
menaçant de mort quiconque oserait troubler sa
solitude.

« Dès lors, travestissant son nom, il se fit ap-
peler *Nostradamus ;* sur quoi un poëte du temps,
probablement Jodelle, mais selon quelques auteurs,
Bourbon, Bèse ou Charles Utenhove, composa le
jeu de mots épigrammique que chacun connaît, et
qui peint le prophète d'une façon si vraie :

Nostra-damus cum falsa damus, nam fallere nostrum est
Et cum falsa damus, nil nisi nostra damus.

Dans le même siècle, Jean Cauvin devait aussi,
et pour cause, changer son nom en celui de *Calvin;*
mais on ne saurait revenir aux noms primitifs,
l'usage ayant consacré l'emploi de ces faux-noms
et sauvegardé ainsi l'honneur de la famille et des
parents.

« Quittant en même temps la prose pour les vers,
Nostradamus se mit à rédiger en quatrains ses
prédictions sur toutes sortes de sujets, ou plutôt
ses rêveries sans sujet ; car on peut révoquer en
doute la plupart du temps, s'il a voulu dire quelque chose. Il employa un langage tellement énigma-
tique, que personne n'y put rien comprendre, ce
qui n'était pas un défaut d'habileté. Ne trouvant
plus l'astrologie des faiseurs d'almanachs suffisamment digne de lui, il s'éleva jusqu'à la grande astrologie (!) et se mit en tête d'écrire l'histoire de
l'univers depuis son époque jusqu'en l'an 3797

comme il le dit lui-même (*). Il divisa son travail par centuries, dont les sept premières parurent à Lyon en 1555; la vogue qu'elles obtinrent le décida à publier les trois dernières dans la même ville en 1558.

« Cependant ses confrères en astrologie, comme jadis ses confrères en médecine, prétendaient qu'il n'était qu'un ignorant, et qui plus est, le prouvaient sans réplique. Son almanach pour l'an 1557, entre autres, est rempli des fautes les plus grossières et les plus ridicules. Un de ses confrères d'Avignon, du nom de Laurent Vidal, les releva avec dureté, et lui prodigua à cette occasion les épithètes d'ignorant, d'âne et de grosse bête. (*Déclaration des Abus et Ignorances de Michel Nostradamus,* par *Laurent Vidal;* Avignon, 1558, in-8°).

C'était alors le règne de l'*astrologie* et des *vaticinations.* Catherine de Médicis et Henri II, « entêtés tous les deux de cette folie, » voulurent voir l'auteur, et le récompensèrent comme un grand homme. On l'envoya à Blois pour tirer l'horoscope des jeunes Princes. *Nostradamus* se tira le mieux qu'il put de cette commission difficile; mais on ne sçait point ce qu'il dit. De retour à Salon, comblé d'honneurs et de biens, il reçut la visite d'*Emmanuel* Duc de

---

(*) On voit que le fabriquant de *remèdes secrets,* ayant connaissance des prédictions et voulant singer le Prophète, les fondait toutes les unes dans les autres, sans distinction d'authencité, de provenance, de lieux, de dates et d'application. Et les simples de s'extasier devant cette littérature qui n'a pas sa pareille dans le dictionnaire infernal. C'est ainsi que procédaient la plus grande partie des astrologues dans leurs *vaticinations,* c'est-à-dire dans les nouveaux oracles ainsi forgés avec une effronterie sans pareille.

Savoie, de la Princesse *Marguerite* sa femme, et
quelque temps après de Charles IX. Ce Monarque
lui fit donner 200 écus d'or, avec un brevet de médecin ordinaire du Roi et des appointements. « Le
gouverneur de Henri IV lui conduisit ce jeune
Prince, et l'astrologue *vaticina* que l'enfant devien-
drait Roi et régnerait longtemps. Malheureusement
pour la France, la seconde partie de la prédiction
ne devait pas se réaliser. »

Pour le dire à propos, les astrologues ne se prirent point pour battus, car, en 1606, il sortait des
presses de « Pierre Rigaud, en ruë Mercière, au
« coing de ruë Ferrandière, à l'Horloge » plus de
700 pages de *Vaticinations* et de *Pleiades*. Un Sieur
de Chavigny en était l'auteur. Dans le titre, on voit
que le drôle prétend les avoir « prises et tirées des
» anciennes Prophéties, et conférées avec les Ora-
» cles du tant célèbre et renommé *M. Michel de*
» *Nostredame.* » Ces titres de noblesse étaient pro-
blement d'usage entre compères. En outre, le vo-
lume traitait « du renouvellement des siècles, chan-
» gement des empires, d'un discours parenetique,
» avec les Présages sur l'*horrible* (!) éclipse du so-
» leil veuë au mois d'octobre 1605. »

Michel Nostradamus eut le pressentiment de sa
mort, car il écrivit sur les éphémérides de Jean
Stadius, quelques semaines seulement auparavant:
Hic prope mors est; mais il y fut trompé de 17 mois
à son désavantage. Au retour d'un voyage à Arles,
auprès de Charles IX, il écrivit dans les présages
du mois de novembre 1567 :

De retour d'ambassade. Don du Roi. Mis au lieu.
Plus n'en fera . . . .

. . . .

. . . .

On le trouva mort le 2 juillet 1566, sur un banc,
au bord de son lit. Encore, dans cette *vaticination,*
l'alchimiste avait trompé ses lecteurs, de 16 mois.

Rien n'est plus risible que son épitaphe à moitié effacée, que ses dernières craintes : « *Quietem, posteri, ne invidete.* »

» Ses partisans disent encore aujourd'hui que » tout ce qu'il a prédit lui avoit été révélé : cela » pourroit être ; mais ce n'étoit sûrement que par » le démon du délire. » *(Dict. Hist.* par une Société de Gens de Lettres, M. DCC. LXXIX).

Dans son *Histoire de Satan,* le docte et pieux Abbé Lecanu, à qui la plus grande partie de cet article est emprunté, ajoute :

« Tel est donc le règne de *Satan* et son œuvre » au milieu de l'univers : mentir pour tromper, et » tromper pour égarer ; entretenir le trouble pour » distraire les âmes des choses utiles ou saintes ; » guider les insensés sur les voies qui mènent à la » dépravation, à l'homicide, à la profanation ; faire » naître les espérances criminelles, les aider par » des moyens chimériques ou pernicieux ; agiter, » agiter sans fin ni trève la malheureuse humanité ; » aussi peu soucieux de ses amis que de ses ad- » versaires, et n'ayant d'amis que pour les perdre.

» Mais c'est là le beau côté de son règne ; il nous » reste des choses plus affreuses à révéler. »

Ce n'est pas ici le lieu de suivre ce savant dans le chapitre sur les « *Associations, Affiliations et Sectes Sataniques* » (c'est-à-dire, les *Société Secrètes* ou la *Franc-Maçonnerie* sous son nouveau nom d'*Internationale*) revenons à l'astrologue de Salon, ou plutôt à son commentateur, M. Torné-Chavigny, le *Grand Prophète* de la Clotte et de Saint-Denis-du-Pin.

Jusqu'à ces dernières années, les sombres et lugubres centuries de Nostradamus avaient été mal famées. Les propres fils du fameux alchimiste, César et Michel, les avaient bien rééditées, mais le gain tourna à leur confusion. Au siége du Pouzin, Michel, le second, pour faire réussir ses propres prédictions

mit lui-même le feu en divers endroits de la ville
(1574). M. d'Espinay Saint Luc en fut tellement in-
digné qu'il lui fit passer son cheval sur le ventre et
le tua.

Aussi, grande, inouie, fut la surprise du public
lorsqu'on vit l'annonce d'une *Interprêtation* des
songes creux de Maître Nostradamus, et chacun
de se regarder en la voyant majestueusement fixée
à 17 fr. 50 (!) Grand Prophète ou Interprête, l'auteur ne brille pas par le désir de propager les choses utiles, à sa patrie, à ses concitoyens, à l'Eglise.
Voici donc une liste de ses œuvres fatidiques im-
primées depuis peu (1871) à Saint-Jean-d'Angely
(Charente inférieure):

1° *Les Lettres du Grand Prophète,* un
    vol. in-8°, 20 feuilles à 30 centimes   fr.   6»—
    Au taux ordinaire de la librairie
    le dit volume vaudrait de 2 à 3 fr.

2° *L'Histoire prédite et jugée par Nos-
    tradamus,* 3 vol. in-4°. — Pour la
    somme très-modeste de . . . .   »   17»50

3° *L'Apocalypse interprêtée par Nos-
    tradamus,* in-4°.
    Les Pères de l'Eglise, le Vé-
    nérable Holzhauser, Bossuet,
    osaient à peine demander à l'Apo-
    calypse de nous dévoiler ses mys-
    tères; l'interprêtation d'un misé-
    rable astrologue est fixée à . .   »   5»—

4° *La Réédition du Livre des Prophé-
    ties de Nostradamus,* avec étude,
    clef, lettres. etc. Les jours de foire,
    on trouvait cette littérature à 0.50
    centimes; désormais . . . . .   »   5»—

5° Et pour vulgariser ce fatras re-
    nouvelé des *Pleiades du Sieur de*

           A reporter . .   fr. 33»50

Report . . .	fr.	33»50

Chavigny (1606) et de l'Escuyer
Guynaud (1693): *Tableaux de l'histoire prédite et jugée,* grandes
feuilles . . . . » 1»—
6° *Prospectns*, 8 pages in-4° . . . » 0»30
7° *Photographies diverses,* ayant trait
à l'histoire prédite et jugée 2 fr. 50;
1 fr. 50; 1 fr., selon grandeur.
    C'est insinuant, et l'on obtient
en moyenne . . . . » 1»70
8° *Autres prospectus* pour vulgariser
de plus en plus l'invention . . . » 0»30

                    Total . . . . fr. 36»80

    Nous disons : *trente six francs, 80 centimes* pour
les œuvres de M. H. Torné-Chavigny. Et ce n'est
pas fini. On nous annonce encore d'autres volumes
sur Pie IX, Napoléon III et le Comte de Chambord,
lesquels, sans doute, s'en soucient fort peu.
    Maintenant, à quoi tend M. Torné-Chavigny?
Que veut-il? En vain voudrait-on être indulgent,
la justice prima toujours la charité, après la seule
lecture des *Lettres du Grand Prophète*, il faut con-
sidérer ces publications, ces cartes, et ces photographies, comme la plus étrange spéculation du
siècle.

    Un dernier mot sur Nostradamus. Dans le « *Dic-
tionnaire Infernal* » de Collin de Plancy, (Bruxelles, 1845, p. 345), on peut lire ces mots: « Nostra-
» damus (Michel) .....le plus grand nombre des gens
» sensés ne virent en lui qu'un charlatan qui, n'ayant
» pas fait fortune à son métier de médecin, cher-
» chait à mettre à profit la crédulité du peuple. La
» meilleure de ses visions est celle qui lui annonça
» qu'il s'enrichirait.... Et quoique Chavigny, qui a

» tant rêvé là-dessus, ait prouvé dans son *Janus*
» *Français* que la plupart des prédictions de Nos-
» tradamus étaient accomplies au commencement
» du dix-septième siècle, on ne laisse pas néan-
» moins de les remettre encore sur le tapis. »

†

Fribourg, 30 Juillet, 1871.

www.ingramcontent.com/pod-product-compliance
Lightning Source LLC
Chambersburg PA
CBHW072102090426
42739CB00012B/2839